KB129574

손을 잡는 브랜딩

한지인 지음

지키기
≤
살려내기
≤
함께 나아가기

손을 잡는 브랜딩

한지인 지음

지키기
≤
살려내기
≤
함께 나아가기

'농부시장 마르쉐, 이니스프리 제주하우스 삼청점, 파머스파티, 우유부단'
'각자도생이 아닌 함께 살기'로 성공한 4개의 브랜드 이야기

브랜딩을 좋아한다면

하루는 늦은 밤에 오랜 친구에게서 전화가 걸려왔다. 공예 작가로 활발하게 활동하고 있는 녀석인데, 오랜만에 연락해서는 대뜸 "브랜딩이 대체 뭐냐"고 물었다. 브랜딩을 하는 친구가 이렇게 가까이 있는데, 자신의 요즘 고민을 어쩌면 브랜딩이라는 분야가 해결해줄 수도 있겠다는 생각이 들었다며 의견을 구하고 싶다고 했다. 일단 영문을 알아야 해서 친구의 자초지종을 들어보았다.

고민인 즉, 지금까지는 작업을 꾸준히 하다 보면 어느 순간 자연스럽게 성공할 수 있으리라 생각했는데, 10년 정도 지나 보고 나니 그게 아닌 것 같다는 거다. 영 다음 레벨로 발전이 되지 않는다는 것이다. 지금 자신에게 필요한 게 혹시 브랜딩인가 싶은 생각이 든다고 했다.

친구는 자신의 작업이 브랜딩을 통해 다른 옷을 입을 수 있냐고 물었다. 브랜딩 작업을 하면 작품이 세상에 더 많이 노출되고 그러면 더 많은 사람에게 가치를 인정받을 수 있는 게 아니냐고 했다. 상업적인 성공에 이르는 화려한 기술을 갖추고 있는 것이 브랜딩이 아니냐며, 그 비결을 알려달라고 했다. 나는 친구의 갑작스러운 고민 상담으로 브랜딩이라는 영역이 세상에 어떻게 보여지는지 진지하게 생각해보게 됐다.

대부분의 사람들은 브랜딩이 멋진 날개를 다는 작업이라고 생각한다. 어떤 사람들은 브랜딩이 유명해지기 위해 벌이는 모든 활동이라고 말한다. 또 어떤 사람들에겐 괜찮은 로고를 만들어주고 인스타그램과 같은 SNS를 대신 운영해주는 업무 영역이다.

브랜딩이라는 말은 정말 다양하게 사용되고 있고 이해되고 있다. 내가 당연하게 생각해온 브랜딩의 정의라는 것도 사실은 내 경험을 기반으로 하는 것일 테니, 세상에는 브랜딩에 대한 수많은 정의가 존재할 터다. 코끼리 다리가 코끼리 전체를 대변하지는 않지만 분명하게 코끼리의 주요 기능을 수행하듯, 개인이 저마다 공감하고 있는 브랜딩에 대한 다양한 정의 역시 다양한 필요에 의해 만들어진 것은 분명하다. 그러니 명백하게 브랜딩의 범위에 포함된다고 할 수 있다. 네 브랜딩보다 내 브랜딩이 더 의미 있거나 옳다고 어느 누구도 판단할 수 없다.

다만, 브랜딩의 주인공은 브랜드 자체라는 것을 많은 사람들이 알아주었으면 한다. 나는 브랜딩이 브랜드보다 돋보이거나 빛을 발하려는 노력에 반대한다. 브랜딩하는 사람이 들으면 섭섭할 수 있겠지만 성공한 브랜드의 비결은 브랜딩을 시작하기 전에 장전되어 있는 '명확한 브랜드의 정체성'에서 이미 발견된다.

어떤 이야기를 누구에게 어떻게 전달하고 싶은지가 선명한 브랜드가 결국 살아남고 성장한다. 이 부분을 스스로 단단하게 발표하지 못하는 브랜드는 브랜딩 작업을 미뤄야 한다. 유능한 브랜딩 전문가가 멋대로 해석한 전혀 다른 브랜드가 세상에 발표되기 전에 말이다.

브랜딩은 브랜드의 강점이 되어야 마땅한 핵심 상품과 서비스를 고객에게 확실하게 전달하고, 어쩔 수 없는 약점은 잘 유지해두었다가 언제든 강점으로 활용할 수 있는 전략을 세우는 작업이다. 브랜드의 성공을 위한 브랜딩 역할이 점점 중요해지는 이유는 이처럼 브랜딩 작업 영역이 워낙 넓어 건드리지 않는 분야가 없고, 중요한 모든 지점에 관여하기 때문이다. 그럼에도 불구하고 브랜딩은 늘 자신이 브랜드의 참모 역할이라는 사실을 잊어선 안 된다. 브랜드를 가리고 세련된 기술을 뽐내려는 브랜딩은 결국 브랜드와 브랜딩, 모두를 잃게 한다. 정체성이 확실한 브랜드만이 브랜딩을 충분히 활용할 수 있고, 간혹 브랜딩이 자리를 비우더라도 타격을 입지 않을 수 있다.

늦은 밤, 친구의 긴 고민을 듣고 나서도 나는 별 시원한 이야기를 해주지 못했다. "묘책이 있어!"라며 몇 가지 대안을 가볍게 제시할 수도 있었지만, 오랜 친구의 고민에 그런 방식의 대응은 적합하지 않다고 생각했다. 결국 진지하기 짝이 없게도 "네 작업의 정체성을 단단하게 해서 결국 누구에게 다가가고 싶은가를 결정하는 것이 궁극적인 성공으로 이어지게 될 거야"라는 지극히 원론적인 이야기를 해주었다. 친구는 차분히 이야기를 듣더니 진지한 목소리로 고민을 계속해야겠다고 말했다.

우리 브랜딩하는 사람들은 언제나 브랜드에 '반하는 순간'을 기다린다. 지금까지 모르고 있었던 어떤 이의 멋진 마음과 그 마음이 담긴 콘텐츠를 만나 대화하고 깊이 알게 되고 반하게 되면서, 이 세계를 가장 정확한 방법으로 알리고픈 마음으로 충만해지는 순간을 늘 기다리고 있다. 어느 누구보다 까다롭고 예민하지만 한번 마음을 허락하면 가장 빠르게 사랑에 빠지는 사람들이 바로 브랜딩을 하는 사람들이다.

감각적인 디자인, 철저한 전략, 매력적인 마케팅으로 무장한 무시무시한 사람들이 소박하고 촌스럽고 담담한 사람들 앞에서 무장해제되는 모습을 나는 많이 보았다. 날것의 멋진 콘텐츠가 원석의 빛을 잃지 않고 단단한 브랜드로 세상에 나아갈 수 있도록 길을 내는 작업, 이것이 브랜딩에 대한 나의 정의다. 그리고 상대에게 흠뻑 빠져 열심히 길을 내는 시간 동안 조금이라도 그들의 '멋짐'을 닮을 수 있는 기회를 주는 이 직업을 나는 무척 좋아한다.

프롤로그

경쟁과 불안의 시대,
놓칠까 뒤처질까 두려운 브랜딩 디자이너에게

'불안과 대책'이라는 단어가 매일의 흔한 대화에까지 등장하고 있다. "어떻게 해야 할지 모르겠어"라는 불안감이 공기처럼 일상에 스며 "앞으로 뭐 먹고 살지"라는 한숨으로 변한 지 오래다. 불확실한 미래에 대한 고민은 어느 시대에나 존재해왔지만 요즘 그 크기가 유난스레 더 커진 이유는 과학이 증명해 보이는 지구 파괴의 예언과, 하루가 멀다 하고 보도되는 불안하기 짝이 없는 정치경제 뉴스, 그리고 이를 뒷받침하는 눈앞의 변화와 주변의 술렁임 때문일 것이다.

생존이라고 하는 사안을 해결하기 위해 일하고 돈 버는 법을 익히는 것은 자본주의 사회에서 나고 자란 우리에게 너무도 당연한 삶의 방식이다. 지금과 같은 위기의 시대를 극복하기 위한 해결책으로 '전보다 더 많이 돈 벌 수 있는 방법'을 고민하는 것도 어쩌면 우리가 떠올릴 수 있는 당연한 아이디어다. 하지만 더 많은 돈을 벌기 위해 더 열심히 일한다고 해서 우리 삶의 불안이 가라앉지는 않는다. 오히려 과도한 경쟁과 피로가 반복돼 우리가 해온 모든 노력이 어긋나기 일쑤다.

이 선로를 이탈하고 싶었다. 고민은 여전히 사라지지 않고, 불안감은 수명을 연장하고 있음을 알게 되었기 때문이다. "뭐 먹고 살지"에서 "어떤 방식으로 살아가는 것이 사랑하는 사람들과 함께 살아남을 수 있는 돌파구가 될 수 있을까?"라는 방향으로 질문의 형태를 바꾸어 보았다. 세상이 빨리 변하고 있고, 적응하거나 진화하지 않으면 살아남지 못한다는 명제가 지극히 당연해진 지금, 이 상식을 지긋이 따져보고 싶었다. "각자 알아서 해결하라는 건 아니지?"라고 되묻고 싶다. 우리 모두가 공감하고 있는 지구적 위기에 대처하는 방법이 개별 개체의 적응과 진화라고 하면 좀 억울하다. 함께 살 길을 찾는 것이 아무리 생각해도 성공에 이르는 가장 '경제적이고 효율적인' 방법인데 말이다.

이 책은 불안으로 가득한 지금, 건강하게 살아남고 성장하기 위해 고민을 함께한 네 개의 브랜드와 브랜딩 프로젝트에 대한 이야기다. 개인이 해결하기에는 버거운 고민을 브랜드 안에서 함께 풀어나가며 겪었던 에피소드를 통해 결국 브랜드 또한 다양한 주체와 공생해나갈 때 '성공 전략'을 거머쥘 수 있다는 이야기를 나누고 싶다.

1장에서는 명확한 원칙 안에서 행동하는 농부의 시장 '마르쉐'의 지혜로운 힘과 그 힘을 중심으로 함께했던 브랜딩 프로젝트를 소개한다. 2장은 확고한 상품을 기반으로 신나게 만들어간 사과 농장 '파머스파티'의 유연한 브랜딩 액션과 전략을, 3장은 주어진 여러 한계와 조건을 끌어안고 많은 사람과 함께 단단하게 나아간 목장 카페 '우유부단'의 지속 가능한 능력에 대해 이야기한다. 이니스프리 제주하우스 삼청점 브랜딩 프로젝트에 대해 소개하는 4장은 대형 브랜드가 내·외부로 화통하면서 섬세하게 대화하고 협력해나가는 방식과, 그 방식이 만들어낸 멋진 시너지에 대해 다룬다. 그리고 마지막으로 다시 처음으로 돌아와 시대적 위기에 대한 깊은 고민이 결국 브랜딩의 직업 세계와 어떻게 연결될 수 있는지 찾게 해준 영국 슈마허칼리지와 부탄에서의 경험을 공유하려고 한다.

최근 들어 성공적인 브랜딩 기술들이 다양한 매체를 통해 소개되고 있다. '브랜딩 A to Z'나 '최고의 브랜딩 노하우' 등과 같은 지식들이 체계화되어 전달되고 있다. 이렇게 브랜딩이라는 직업 세계가 잘 자리 잡아가고 있다는 것은 참으로 감사한 일이다. 하지만 이 지식들 또한 결국 위기의 시대 속에서 각자도생해야 한다는 해법으로 우리를 몰아가고 있는 것만 같아 답답해진다. 브랜딩의 기본기를 훈련하고 경험으로 터득해가는 과정에서 사라지지 않는 고민에 대해서는 좀처럼 이야기하려고 하지 않는 것 같다. 지금 우리에게 꼭 필요한 브랜딩의 필살기는 무엇일까 질문해본다.

이 책은 세계와 손을 잡고 나아가 브랜드의 성공을 만들어낸 브랜딩 필살기에 관한 이야기다. 물론 내가 찾아낸 브랜딩 기본기 또한 책 여기저기에 빠짐없이 적어놓았다. 하지만 무엇보다 그 탄탄한 기본기 위에 이제는 공생을 목표로 삼는 브랜드와 사람만이 살아남아 그다음을 즐길 수 있다는 말을 전하고 싶다. 사람도, 브랜드도 같이 손을 잡고 살아남는 것이 해답.

위기의 시대에 브랜딩이라는 작업을 통해 브랜드의 사업적 고민을 시대적 고민과 함께 풀어나가야 한다는 것은 직업인으로서 가질 수 있는 최고 행운이자 최대 도전이라고 생각한다. 영영 풀 수 없을 것 같은 세상의 거대한 문제들에서 작은 조각을 떼어내 구체적으로 연구할 수 있다는 것은 분명 행운이며, 사람들이 납득할 수 있는 물리적 결과물을 만들어내야 한다는 점에서 값진 도전이다. 그리고 매번 일을 시작하고 끝내면서 희망과 좌절이라는 심정을 계속 반복해서 느낄 수밖에 없다는 사실은 이 시대에 이러한 직업을 선택한 사람들이 감당해야만 하는 중독적 현실이다.

성공하는 브랜드의 고정된 판타지에 갇혀 처음의 마음이 고갈된 누군가에게, 쏟아져나오는 수많은 브랜딩 기법을 찾아 읽다 지쳐버린 누군가에게, 그리고 브랜딩은 그저 허세 가득한 상술이고 요령이라고 결론짓고 싶은 누군가에게 이 책이 말을 걸 수 있기를 조심스럽게 바라본다. 직업적 성공보다는 일을 통한 성장을 원하는 누군가에게 이 책의 이야기들이 힌트가 되기를 조용히 기대해본다.

위기에 대처하는 우리의 노력은 이제 막 걸음마 수준이지만, 이런 때일수록 내가 지금 여기에서 한국인으로 살아가고 있다는 것이 다행이라는 생각이 든다. '이 방법이 좋겠어'라는 생각이 들면 속도를 최대한으로 끌어올려 질주할 줄 아는 화통한 의식을 가진 사람들과 함께 변화를 만들어가는 기분은 참 시원하다.

무섭고 두려운 것들을 많이 보고 느끼고 있으니, 좋은 것도 그만큼 많이 보고 느끼고 싶다. 그렇게 함으로써 모든 것이 나쁘지도 좋지도 않다는 것을 감지하고 거기서부터 다시 세계를 바라보고, 대화하고, 만들어가자고 말을 걸고 싶다. 다 같이 고민해서 건강한 브랜드를 만들어내던 그 시간들을 새기며 불안한 미래에 대한 답을 찾아가고 싶다. 앞으로는 뭐 먹고 살지에 대한 의구심도, 살아남을 돌파구에 대한 질문도 아닌 어떤 세상을 어떻게 만들어가고 싶은지에 대한 이야기를 함께 나누고 싶다.

2020. 7. 한지인

차례

1부 당연한 것을 당연하게 하기

농부시장 마르쉐

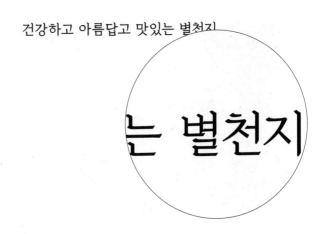

건강하고 아름답고 맛있는 별천지

는 별천지

노랑과 군청의 커다란 천이 공중에서 내려오면 장터가 열린
다. 아름다운 채반과 멋스런 목재 집기들, 신기하게 생긴 마르
쉐 전용 키트인 물자리(설거지를 할 수 있는 이동식 싱크대)와 불
자리(요리를 할 수 있는 이동식 화기)가 속속 자리를 잡기 시작
한다. 일회용 식기 사용을 금지하면서 주최 측에서는 색도 모양
도 심플한 다회용 식기를 내놓았다. 비닐봉지 대신 제공하는 재
사용 종이가방에는 마르쉐 스티커가 눈에 잘 띄게 붙어 있다.

*일회용 봉투 대신 시장 가방을 들고 마르쉐를 찾은 소비자들.

이런 분위기라면 출점팀들도 멋지게 자신의 매대를 꾸미게 마련이다. 장 보러 오는 사람도 어느새 편안한 옷과 시장 가방을 걸치고 시장을 찾는다. 분위기에 동참하는 다양한 사람들 사이로 대화와 음악이 섞여 어느새 시장에는 활력이 샘솟는다.

이렇게 멋진 공간의 주인공은 바로 매대 앞 농부. 농부가 가장 멋져 보이고 농산물이 가장 화려하게 빛을 발하는 곳, 바로 농부의 시장 '마르쉐'다.

마르쉐는 '우리는 우리가 먹는 것You are what you eat' 이라는 마음을 바탕으로 안심하고 먹을 수 있는 농산물을 거래하기 위해 시작한 농부의 시장Farmers' Market 공동체다.

마르쉐의 시작에는 언덕, 수향, 망울이라는 세 명의 설립자가 있다. 좋은 농산물, 좋은 요리, 좋은 수공예품이 사람들에게 제대로 닿을 수 있는 방법을 도시텃밭, 귀농귀촌 등의 활동을 통해 각각 실험해오던 이들은, 어느 날 '시장'이라는 기획에 의기투합하기로 한다. 여기에 주변의 다양한 재주꾼들이 반짝이는 아이디어를 들고 뜻을 같이하며 시장을 만들었다.

2012년 첫 장을 시작으로 꾸준히 매달 비상설 시장을 열고 있는 마르쉐는 출점자들과 함께 '농가행(농가를 직접 방문하여 이야기를 나누는 시간)', '씨앗밥상(마르쉐 농부가 키운 씨앗과 작물을 맛있게 먹는 지혜를 요리사와 함께 연구하는 시간)' 등의 다양한 활동을 하는 비영리 법인 단체이자, 맛있고 건강한 농산물을 중심으로 모인 커뮤니티다.

마르쉐의 첫 시장 풍경이 떠오른다. 우리끼리의 작은 시도라는 마음이 느껴지는 작고 아담한 혜화동 노상 공간에서 사람들이 옹기종기 모여 장을 열었다. 처음 시작하는 장이라 출점자로 나선 농가들도 소박하게 꾸러미 몇 개만 들고 참여해 우리끼리 물물교환만 해도 금세 완판되는 분위기였다. 마침 시장 바로 옆 마로니에 공원에 공사벽이 쳐져 있어 은밀한 분위기가 만들어졌는데, 이 묘한 분위기에 이끌려 눈을 반짝이며 장터로 걸어 들어오는 사람들이 있었다. 조금은 수상하지만 꽤 맛있어 보이는 여러 가지를 구경하고 이야기도 나누다 하나씩 무언가 사서 돌아가곤 했던 행인들. 그리고 그날 하루 즐겁게 놀다 간 출점자들. 지금의 마르쉐는 이렇게 작은 공간에서 즐겁고 기분 좋게 시작되었다.

이제 마르쉐는 장이 열릴 때마다 사람들로 북적북적한 잘나가는 시장이 되었다. 주말 아침, 부지런 떨며 장바구니를 챙겨 시장에 가도 이미 상품이 다 팔린 매대가 많아 허탕 치고 빈손으로 돌아와야 할 정도로 열기가 대단하다. 시작한 지 벌써 몇 해가 지났는데 여전히 인기가 사그라들 줄 모르니, 도대체 그 비결이 뭘까.

나는 마르쉐가 이렇다 할 광고를 따로 하는 경우를 본 적이 없다. 별다른 홍보 마케팅 전략을 꾸리지도, 이벤트나 프로모션을 계획하지도 않으니, 시장이 이렇게까지 유명해지게 된 건 거의 입소문 덕이다. 그도 그럴 것이, 마르쉐는 고객들이 오히려 열성적으로 소문내고 싶어 하는 묘한 시장이다.

마르쉐에 가면 일단 기분이 좋아진다. 이 시장에는 우리가 좋아하는 것이 다 있다. 건강함과 아름다움, 맛남이 가득하다. 입장료도 없고, VIP도 없는 열린 공간에서 건강하고, 아름답고, 맛있는 것을 앞에 두고 맘씨 좋아 보이는 판매자들과 대화를 나누며 친구가 될 수 있다. 새롭고 호기심을 자극하는 별천지 같은 세상인 동시에, 응당 누려야 할 맛있고 건강한 먹거리, 상식적인 대화에 대한 권리와 기쁨까지 나누어주니, 누구든 이 시장을 좋아하게 되는 것이다.

게다가 워크숍, 공연, 전시, 토크 콘서트 등이 열려 건강하고 아름답고 맛있는 것에 관해 다양한 각도와 깊이로 경험할 수 있다. 이 좋음을 나누지 않고는 못 배긴다. 자랑하고 싶고, 무엇보다 소중한 사람과 함께 즐기고 싶으니까. 브랜딩 최고의 전략이 바로 기존 고객이 스스로 다른 고객을 데려오는 것임을 마르쉐는 알고 있었던 것이다.

나는 2012년 마르쉐의 시작을 알리는 첫 기획 회의에 함께하며 인연을 맺은 이래로 출점자 또는 자원활동가, 가끔 회의에 불려가 의견을 내는 '마르쉐친구들(마르쉐를 기획·운영하는 조직)'의 친구로 지냈다. 2015년부터 약 2년간은 마르쉐의 온라인 플랫폼 개발 및 농가 브랜딩 프로젝트를 진행했다.

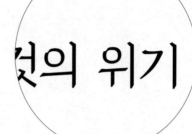

마르쉐에는 다양한 분야의 디자이너와 기획자가 농부, 요리사와 함께 일하고 있다. 이들은 일이 생기면 자기 일마냥 특별한 요구 사항이나 갈등 없이 담담하게 협력해나간다. 이런 끈끈한 협력 관계의 원동력은 두말할 나위 없이 '마르쉐를 향한 공감'이다. 모두가 시장의 취지에 깊이 공감하고 이들의 성공을 진심으로 바란다. 마르쉐의 성공이 곧 '우리의 생존 확률이 높아진다는 것'임을 잘 알고 있기 때문이다.

"우리가 먹고 마시고 사용하는 것들이 어디서 어떻게 만들어지는 것인지, 이 작은 시장을 통해 이야기 나누는 것으로부터 조금 더 즐거운 세상이 만들어질 수 있다고 생각합니다."

마르쉐가 직접 적은 시장의 취지다. 어찌 보면 너무나 당연한 이야기지만, 곰곰이 생각해보게 만드는 구석이 있다.

도시에서 나고 자란 어린이들은 쌀이 공장에서 만들어지는 줄 안다는 이야기를 우스갯소리로 들은 적이 있다. 마트에 진열된 상품을 모두 공장에서 만든다고 생각한다는 것이다. 이러면 안 되겠다 싶어 논과 밭이 펼쳐진 곳으로 열심히 여행도 가고 농사일을 보여주는 예능 프로그램을 찾아 보여주기도 하지만 이조차도 #논뷰 #밭뷰 해시태그의 대상이 될 뿐이다. 내가 클릭해서 산 이 쌀의 정체에 대해 상품 페이지의 상세 설명을 읽는 것 말고는 알 길이 없다. 스스로 검증할 방법이나 능력이 없기 때문이다.

마르쉐의 시작을 이야기할 때 빠지지 않고 거론되는 것이 바로 후쿠시마 원전 사고다. 마르쉐를 만든 사람 중 한 명인 수향은 일본에서 후쿠시마 원전 사고를 직접 겪었다. 그리고 이 경험을 계기로 '익명의 먹거리가 주는 위험성'을 절실하게 느끼게 되었다. 원전 사고로 땅과 물이 오염되자 마트와 마켓에서 안전한 먹거리가 사라졌고, 사람들은 곤경에 처했다고 한다. 어디서 어떻게 건강한 식재료를 구할 수 있는지 모르기 때문이다. 내가 늘 마트에서 사다 먹던 음식이 어디에서 어떤 과정을 거쳐 왔는지 알 수 있는 방법이 없으니 그때부터 모두 식량의 익명성에 대해 재고하게 되었다고 한다.

이런 위기에 대한 이야기를 우리는 꽤 자주 보고 듣는다. 하지만 혀를 차는 것 말고는 할 수 있는 게 없는 것만 같다. 원전 사고는 흔하게 터지는 일도 아니라 금세 잊히고 만다. 내가 할 수 있는 일이 별로 없다는 마음에 괜히 뉴스만 멀리할 뿐이다. 가끔 '내가 어제 먹은 치킨에 얼마나 많은 독이 들어 있을까' 하는 생각이 들 때도 있지만, '뭐 자주 안 먹으면 되는 거 아닌가' 하고 눈을 감는 것과 다르지 않다.

그런데 마르쉐는 이 지점에서 눈을 뜨기로 결심했다. '그러게, 진짜 세상이 어쩌다 이렇게 되어버린 거지'라는 무기력함이 아닌 '잠깐, 내가 무엇을 해야 하지? 같이 한번 생각해보자'라는 아이디어에 집중한 것이다. 위기를 고민으로 바꾸고 사람을 모아 우리가 할 수 있는 일을 계획해 그대로 실행하면서 더 많은 사람에게 용기를 주기로 한 것이다.

마르쉐의 탄생에는 '먹을 것의 위기'가 있다. '식食'이라는 생명의 조건을 미끼 삼아 돈과 탐욕을 채우려는 세상의 장난으로부터 스스로를 지켜내려는 사람들의 위기 탈출 시장이 바로 마르쉐다. 당연한 이야기지만, 우리의 음식 생활을 되찾기 위해서는 신경 써야 할 것이 한둘이 아니다. 씨앗, 땅, 품종 같은 작물 자체의 안전성 이야기부터 저장, 가공 같은 생산 연계 과정 및 유통, 소비, 쓰레기 등과 같은 생산 이후의 과정에 이르기까지 들여다봐야 할 내용이 많고 복잡하다.

안전한 음식을 먹기 위해 마음을 내어 발을 디디기 시작한 마르쉐가 어느덧 이 모든 이슈를 기어코 하나씩 다 끌어안아 올해로 8년 차를 맞았다. 로컬푸드, 적정기술, 토종, 무화학/비전화, 공정무역, 제로웨이스트, 지역화폐 등 문제 해결 담론 또한 종류와 범위가 방대해졌다.

'먹고사는 것의 위기를 벗어나기 위한 길은 이렇게 충족시켜야 할 게 많은 까다로운 여정이구나' 싶지만 삶을 복잡하고 까다롭게 만든 건 우리 자신이라는 반성이 든다. 오랜 시간 동안 자연스럽게 지켜왔던 안전한 삶의 방식이 근현대에 들어와 여러 가지 이유로 무너지기 시작했다. 그리고 마르쉐는 이런 상실로부터 삶의 방식을 하나씩 회복시켜보자고 제안한다.

장이 서는 날은 우리 안에 무의식적으로 자연스럽게 쌓여 있는 본능을 다시 불러일으키는 날이다. 지금 시대에 맞는 지금의 지혜를 충분히 다시 구축해나갈 수 있을 것이라는 자신감이 느껴져 든든한 시장. 그것이 나의, 우리의 마르쉐다.

• 출점팀에서 내놓은 농산물들.
마르쉐는 '우리는 우리가 먹는 것you're what you
eat'이라는 마음을 바탕으로 농업과 농산물 거래의
올바른 방향을 제시한다.

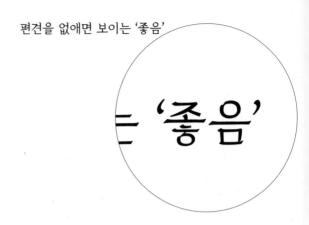

편견을 없애면 보이는 '좋음'

처음 사람을 만나는 자리에서 특별히 신경 쓰는 것이 하나 있다. 나이, 학교, 사는 곳 같은 신변 조사를 최대한 늦추는 것이다. 친해지기 위해 던지는 익숙한 질문은 넣어놓고 최대한 상대를 천천히 알아가려고 한다.

지지하는 정당보다는 어떤 사회적 관계를 지향하는지, 믿고 있는 종교보다는 살면서 어떤 가치를 중요하게 여기는지 먼저 알고 싶다. 그래야 나중에 상대가 정치적·종교적 성향을 커밍아웃하더라도 그간 나눠온 근본적인 대화에 맞추어 상대를 폭넓게 이해할 수 있고, 쓸데없는 갈등을 줄일 수 있다. 즉, 편견이 생기지 않아 마음이 편하다.

편견은 핵심을 자꾸만 가리려고 애쓴다. 그래서 내가 더 알고 싶고 경험하고 싶은 곳으로 이르는 길을 어렵고 복잡하게 만들어버린다. 바꾸어 말하면, 편견을 최대한 잘 피해 더 많이 듣고 함께 경험하다 보면 생각보다 쉽고 빠르게 인생의 좋은 것, 세상의 즐거운 것을 맛볼 수 있다. 최근 몇 년간 내가 살아가는 방식에 있어서 가장 노력하는 것도 이 부분인데, 고맙게도 마르쉐와의 브랜딩 프로젝트에서 시작된 생각이기도 하다.

마르쉐가 다루고 있는 주제인 '안전한 먹거리 확보'는 이미 많은 단체에서 다뤄왔지만 마르쉐는 그간 어디서도 시도하지 않은 접근 방식을 구사하고 있다. 농산물 직거래 장터라는 내용과 형태는 같지만, 전략과 대상은 이전에 없던 전혀 새로운 것이다. 그리고 이런 새로운 접근 방식은 시장의 모든 것을 달리 보이게 만드는 효과를 발휘한다.

우리가 익히 알고 있는 농산물 직거래 장터는 원산지와 품질, 가격을 직접적으로 드러내 상품성을 경쟁하는 것을 기본 원칙으로 한다. "이 농장이 있는 마을이 터가 참 좋은데, 그런 곳에서 재배했으니 얼마나 품질이 좋겠어"라는 식으로 우리를 설득한다. 때로는 싸게 팔기도 하고 덤으로 얹어주기도 하는 등 시골 인심을 맘껏 드러내며 분위기를 띄우기도 한다.

하지만 마르쉐는 시장 공간에서 별다른 메시지나 슬로건을 내걸지 않는다. 아름답게 조성된 장터에 생기발랄한 농산물들이 다채롭게 놓여 있을 뿐이다. 시장 거리를 여유롭게 걷다가 마음에 드는 가게를 발견하면 들어가서 이것저것 구경하고 주인과 대화를 나누면 된다. 그러다 보면 어느새 그 가게와 친구가 되고 결국 그 마을이 친근하게 느껴지는, 마르쉐는 이처럼 평범한 고객 행동 시나리오를 구사하고 있는 시장이다. 친구가 된 고객이라면 앞으로 더 자주 시장에 들르고 싶은 것은 당연하다. 우리가 일상에서 자주 경험하는 이 행동 패턴이 농산물 직거래 장터라는 오래된 어젠다에 적용됨으로써 고객에게 완전히 새로운 기분과 공간을 선사하게 되는 것이다.

마르쉐는 시장을 방문하는 고객에게 자신의 진지한 의도에 대해 하나하나 설명하려고도 하지 않는다. 그것을 강조하려고 현수막을 내걸거나 홍보물을 뿌리지도 않는다. 시장에 펼쳐놓은 마르쉐 콘텐츠를 사람들이 자연스럽게 반복적으로 경험하기를 바랄 뿐이다.

그러다가 이 자연스러움이 몸에 배고 고객이 친구가 되어갈 즈음 비로소 시장의 가치와 의도를 알아차릴 수 있도록 몇 가지 깊이 있는 이야기를 툭툭, 던져준다. 파 한 단의 싱싱함에 감탄을 건넬 때마다 대답으로 돌아오는 농부님의 농사 이야기가 참으로 강력한 메시지를 담고 있는 것을 알기에, 마르쉐는 '대화하는 시장'을 지향하며 더 많은 대화를 이끌어가기를 원한다.

판매자가 고객에게 일방적으로 상품을 어필하는 상업의 공간이 아니라 고객과 판매자가 함께 생산물과 생산방식에 대해 대화를 나눌 수 있는, 그리고 우리들의 음식 생활에 관한 아이디어를 주고받을 수 있는 커뮤니티 마켓이 마르쉐가 추구하는 궁극적인 성공의 모습이다.

＊시장에 출점한 농부들과 대화하는 소비자들.
마르쉐는 농부님의 농사 이야기가 강력한
메시지를 담고 있는 것을 알기에 더 많은 대화가
시장에서 이어지기를 원한다(위는 출점팀 '베짱이
농부', 아래는 '준혁이네').

마르쉐는 친근하면서도 쿨하다. 어디까지가 의도한 것인지 알 수는 없으나, 누구나 시장의 취지에 깊이 공감할 수 있도록 만들기에 충분한 전략적 태도다. 길 위의 모두에게 열려 있는 시장 마르쉐는 더없이 아늑하고 친절하다. 회원 가입을 요구하거나 회원 혜택 제도가 따로 있는 것도 아니다. 많은 사회적 가치를 담고 있는 시장을 꾸리면서도 운동 Movement이 아닌 그저 모두가 아는 흔한 시장이라고 의미심장한 웃음을 지으며 말한다. 사실 '그저 시장'은 아니면서 말이다.

나는 마르쉐의 이러한 모습을 보며 이 사람들이 브랜딩의 속성을 잘 파악해 본능적으로 활용하고 있다고 생각했다. 브랜딩은 브랜드의 다양한 요소를 감각적·통합적으로 경험할 수 있도록 환경을 조성한다. 고객들은 브랜딩을 통해 섬세하게 배치된 제품과 서비스에서 브랜드의 공기를 느끼고 브랜드의 정체성을 자연스럽게 인식하게 된다.

시장 공간을 아름답게 만든 것도 기존의 장터 방식으로는 원하는 변화가 만들어지지 않을 것을 눈치챈 마르쉐 친구들이 시장의 접근성을 높이기 위해 선택한 브랜딩 작업의 하나다. 흔하고 익숙한 형태와 소재를 활용한 자연스러운 디자인으로 시장을 꾸미고, 필요한 집기는 바구니와 채반, 나무 책상과 거치대, 공사장의 버킷과 플라스틱 가판대를 이용해 제작했다. 이런 공간 안에서 벌어지는 즐거운 공연과 워크숍은 다양한 볼거리를 제공하며 사람들을 공간에 머물게 했

* 마르쉐에서 제공하는 채반을 활용한 상품 진열대.
익숙한 소재를 활용해 사람들이 접근하기 쉽도록
시장 공간을 꾸몄다(노네임노샵 디자인·제작).

고, 자연스럽게 구매율을 높이는 역할을 했다.

마르쉐의 독특함이나 차별성을 구구절절 현수막에
적지 않아도 모두에게 와닿는 아름다움을 가장 대중적으로
펼쳐놓은 이들의 전략은 사람들의 관심을 이끌어내는 데 성
공했다. '최고'나 '최초'와 같은 그 어떤 자극적인 단어를 사
용하지 않고 보편적 감수성을 잘 활용해 고객들이 시장의 주
인공인 채소와 과일로 직진하게 만드는 데 성공했다.

"내가 이런 멋진 일을 해냈어"라는 자랑을 하고 싶
은 기획자였다면 너무 쉽게 '최고'나 '최초'와 같은 단어를 사
용하며 사람들의 평가를 유도했을 것이다. 좋은 평가도 큰 범
위 안에서는 편견의 한 종류다. 나의 우수성을 다른 집단과

* 마르쉐는 '최고'나 '최초'와 같은 자극적인 단어를 사용하는 대신 보편적 감수성을 잘 활용해 고객들이 시장의 채소와 과일로 직진하게 만드는 데 성공했다.

비교하게 만들고 나에 대한 편견, 다른 집단에 대한 편견을 만들어내는 것은 진짜 콘텐츠로 가는 길을 가려버린다.

　　　마르쉐는 편견을 조장하는 평가, 설명, 교육을 지양한다. 그저 "이거 지금 제철이라 참 맛있으니 꼭 사야 해"라는 설레는 권유만 슬쩍 할 뿐이다. 그래야만 진정으로 출점자와 고객, 운영자가 마르쉐의 가치를 즐길 수 있다는 것을 알기 때문이다. 이것이 바로 시장의 중심에 존재하는 수많은 건강함, 아름다움, 맛있음으로 가는 길을 고객에게 곧장 안내하는 마르쉐의 지혜다.

약점을 포용하는 울타리

포용하는

브랜딩은 브랜드가 목표로 하는 대상에게 정확하게 닿을 수 있도록 작전을 세운다. 아이덴티티 디자인(심볼, 마크, 로고 타입 등을 개발하여 기업이나 브랜드 이미지를 구축하는 디자인 작업)을 바탕으로 브랜드 정체성 작업을 선행할 때부터 타깃층에 말을 걸 수 있는 조형을 연구하고, 이후 마케팅 프로모션과 같은 모든 브랜딩 작업을 통해 그들의 마음을 얻기 위한 활동을 해나간다.

　　　브랜딩을 하는 사람들은 브랜드의 성장에 대한 가장 이상적인 시나리오를 써내려가는 재주가 있다. 브랜드가 키워나갔으면 하는 강점과 기회, 꿈과 욕망에 대해 능숙하게 그림을 그린다. 동시에 이들이 헤쳐나가야 할 시장의 경쟁자, 환경적 한계와 같은 외부의 적에 대해서 대비책을 세운다. 그런데 의외로 깊이 생각하지 못한, 아니 깊이 생각하기를 회피하는 지점이 있다. 바로 성장에 방해가 된다고 여겨지는 브랜드의 내적 장애를 다루는 방식이다.

　　성공에 방해가 되는 요소는 미련 없이 포기하거나 버리는 것이 좋다고들 말한다. 브랜딩 작업에서뿐만 아니라 삶에서도 말이다. 그런데 만약 그 장애 요소라는 것이 브랜드 정체성과 긴밀하게 연결되어 있다면? 나는 이러한 상황을 '걸리적거리는 브랜드의 양면성'이라고 말한다. 그리고 어렵더라도 브랜드의 약점을 섣불리 잘라내지 말고 끝까지 끌어안아 근본적인 치료를 해보자고 제안하는 입장이다.

　　브랜드의 내적 장애물은 끊임없이 고민을 안겨주지만 바로 처리할 대상은 아니다. 이 녀석은 브랜드를 성장하게 하는 좋은 기회이자 원동력을 제공하기 때문에 오히려 고민의 끈을 좀 더 오래 붙잡고 버틸 수 있는 에너지를 기르는 편이 유용하다. 브랜드의 양면성을 내포하고 있는 내적 장애물을 끌어안고 천천히 가다 보면 결국은 그 장애물이 성장을 위한 촉매가 되어 더 큰 보답을 할 것이다.

　　브랜드를 위협하는 가장 큰 고민은 의외로 브랜드를 살리는 해법이 되기도 한다. 이것이 우리가 브랜드의 내적 장애물에서 기인한 모든 약점을 능숙하게 다룰 수 있는 내공을 길러야 하는 이유다.

　　마르쉐는 바로 이 거추장스러운 '브랜드 양면성'을 확실하게 인식하고 처리하는 내공을 가지고 있다. 이들의 가장 큰 내적 장애물, 시장에 나오는 농산물 가격이다.

"시장에 한번 다녀오면 탈탈 털려." 마르쉐 좀 다녀봤다 하는 사람들이 흔히 하는 이야기다. 이는 마르쉐 고객 설문조사 가운데 '마르쉐의 아쉬운 점' 항목의 단골 답변이기도 하다. 제대로 농사지어 만든 농산물에 제대로 된 가치를 매기기 위해 시작된 시장인데, 마트나 동네 시장, 인터넷에서 장 보는 사람들에게는 마르쉐에서 판매하는 농산물이 상대적으로 너무 비쌌던 것이다.

사실 관행적인 유통이란 조금만 들여다봐도 굉장히 보수적임을 알 수 있다. 도매상인이 제시하는 가격에 맞춰 납품을 하다 보면 그해 키운 농산물을 다 팔아도 적자가 난다는 농가의 이야기를 자주 듣는다. 멀쩡한 양배추가 가득한 밭을 트랙터로 갈아엎어버린다는 뉴스를 심심치 않게 접한다. 풍년이 들면 공급량이 많아져 단가가 더 떨어지니 전혀 반갑지 않다는 농부들의 이야기를 들으면, 이게 대체 무슨 말도 안 되는 상황인가 싶다. 풍년이 반갑지 않다니, 흉년이어야 마음이 놓인다니 말이다. 결국 농가는 수지타산을 맞추기 위해 농산물의 질을 떨어뜨리는 다양한 방법을 선택하게 되고, 이 속사정을 알 리 없는 소비자는 제대로 키운 질 좋은 농산물을 사 먹을 기회조차 갖지 못하는 것이다.

마르쉐는 질 좋은 농사를 이어가고 싶은 농가를 찾아내 건강한 농산물의 판매를 지지하고 상품의 적정 가격을 농부 스스로 책정할 수 있도록 판을 제공한다. 제대로 된 상품에는 제대로 된 값을 매겨야 한다는 게 마르쉐의 생각이다.

이는 제대로 된 농산물을 매년 지속 가능하게 먹을 수 있게 해주는 장기적인 문제 해결 방식이기도 하다. 결국 마르쉐의 '시장가'는 마르쉐라는 브랜드의 생각을 드러내는 핵심 요소이자 동시에 마르쉐의 신규 고객 유입을 저해하는 장애물이기도 하다.

하지만 마르쉐는 농부들에게 가격을 낮추는 게 어떻겠냐고 권유하지 않는다. 적어도 이 부분만큼은 철저하게 지켜내야 마르쉐 농산물의 가치와 역할을 만들 수 있다는 것이 그들의 선택이고 전략이다. 지금의 사회에서 상품 가치를 고객에게 전달할 수 있는 가장 확실한 방법은 가격 책정이라는 것임을 잘 알고 있기에 가능한 판단이다. 브랜드의 핵심 가치를 양보하면서까지 얻어야 할 대중성은 아니라고 판단했고, 그 순간 마르쉐의 명확한 고객 울타리가 세워지게 된 것이다.

나는 울타리를 세울 줄 아는 브랜드를 존경한다. '정체성의 경계선'을 그을 줄 아는 자는 강하고 현명하다. 자신이 상대해야 하고, 상대하고 싶은 고객을 똑바로 바라보기 위한 첫걸음은 바로 이 선을 긋는 행위다. 어찌 보면 자신들의 가치에 공감하는 사람에게만 상품을 판매하겠다는 배타적인 의미로 받아들여질 수도 있지만, 오히려 제품의 본질을 공유하고, 고객과 더 적극적으로 관계 맺기 위해 똑 부러진 제안을 하고 있는 것이다. 브랜드의 내적 장애를 드러냄과 동시에 자신의 정체성을 더 확실하게 전달하는 것이다.

모든 존재는 있어야 할 이유와 없어도 되는 이유를

* 다양한 농산물로 가득 채워진 출점팀 '꽃비원'의 매대 모습. 마르쉐는 질 좋은 농사를 이어가고 싶은 농가를 찾아내 건강한 농산물의 판매를 지지하고 상품의 적정 가격을 농부 스스로 책정할 수 있도록 판을 제공한다.

동시에 가지고 있다. 브랜드도 그렇다. 거창하고 대단한 문제를 해결하겠다고 나서는 브랜드라 하더라도 짊어져야 할 그림자가 반드시 따르게 마련이다. 꼭 있어야 하면서 없어도 되는 브랜드, 제발 없었으면 좋겠지만 있기 때문에 돌아가는 다양한 이슈들이 공존하는 세계다. 그리고 이러한 상태를 잘 인식하고 현명하게 다루면서 책임감을 가지고 관계를 맺어가는 브랜드가 결국 성장한다.

마르쉐는 자신의 사회적 역할을 기준 삼아 명확하게 울타리를 세웠다. 벽은 없고 경계선만 살포시 그려놓은 포용적인 울타리다. 누구나 즐길 수 있고 누구나 함께할 수 있도록 문턱은 없앴지만, 바닥을 자세히 들여다보면 금이 하나 그어져 있다. 이 간단한 경계선이 마르쉐 정체성의 기준이자 그들이 책임지고 해결하고자 하는 내적 갈등에 대해 스스로 정의한 영역이다. 마르쉐 울타리에는 마르쉐의 내적 갈등을 이해하고 제대로 된 농산물에 기꺼이 가치를 지불하려는 고객들이 모여 살고 있다.

브랜드 가치의 생명력, '행동'

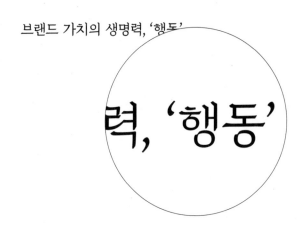

마르쉐와 함께했던 일 중 '농가 브랜딩'이라는 프로젝트가 있다. 시장에 정기적으로 출점하는 몇몇 농가를 위해 디자인 작업을 하는 일이었다. 마르쉐친구들이 프로젝트 대상에 선정된 농가의 연락처를 알려주며 "지인 씨, 잘 부탁해요" 하곤 정성스럽게 일을 맡겼던 것이 유난히 기억에 남는다.

마르쉐는 해를 거듭할수록 아름다움을 더해갔다. 출점팀들의 멋과 센스가 날로 출중해진 덕분이다. 그리고 그 때문에 좀처럼 디자인 작업에 힘쏠 여력이 없는 팀들은 고객의 관심을 받기가 어려워졌다. '농가 브랜딩' 프로젝트는 바로 그러한 팀을 위한 프로젝트였다. 애써 농사지어 가지고 나온 훌륭한 농산물을 고객에게 전달할 기회가 점점 줄어들자, 이를 늘 마음에 걸려 하던 마르쉐친구들이 내린 결정이었다.

점점 눈에 잘 들어오지 않는 팀들에게 브랜딩의 힘을 더해달라는 미션과 함께 세 군데의 농가가 연결되었다. 마르쉐와 협력 관계를 맺고 있던 파주타이포그라피학교에서 디자인을 전공하는 세 명의 학생들이 이 프로젝트에 참여했다. 나에게는 전반적인 프로젝트 진행과 디자인 방향을 잡아주는 디렉션의 역할이 주어졌다.

4개월 남짓한 기간 동안 각각의 농가를 직접 방문해 농부님을 인터뷰하고 디자인 작업도 함께 진행하며 실제 부스에 적용할 수 있는 실무 디테일을 주고받았다. 깊은 산골에 위치한 밤 농장 방문에는 운전사 역할을 자청하여 동행하기도 했다. 그렇게 몇 번의 방문과 인터뷰를 통해 농장의 이름도 짓고, 로고를 만들고, 농부님께 꼭 필요하고 어울리는 각종 거치대, 앞치마 등을 만드는 일을 도왔다.

디렉터라고 해봤자 디자이너들의 고민을 듣고 조언을 해주고 내가 잘 알고 있는 제작소를 소개해주는 정도의 일이었다. 그리고 가끔 농부님들에게 의견을 여쭙는 에이전시 역할 정도가 더해졌는데, 이 일 덕분에 농부님들과 서로 얼굴을 익혀 일이 끝난 후에도 시장에 가면 무척 반가워하시며 계속 봉투에 뭐라도 하나 더 담아주셨으니, 그저 감사할 따름이었다. 쉽게 경험하기 힘든 흐뭇하고 산뜻한 프로젝트였다.

'참 신기한 프로젝트였네'라는 생각이 든 것은 일이 끝나고 얼마쯤 시간이 지난 후였다. 세상에 이런 식의 프로젝트 발주라는 것이 또 있을까 싶은 생각이 들었다. 사실 상품에 문제가 있는 것도 아니고 판매자가 불친절한 것도 아닌데, 그럼에도 장사가 잘되지 않는다면 그야말로 '사업주의 마케팅 실패'라고밖에 달리 설명할 방법이 없다. 그렇다면 문제도 해결 방법도 사업주가 고민해야 하는 것이다. 아무리 좋은 상품이 산적해 있다 한들 그것을 광고할 능력이 없는 가게는 결국 다른 가게로 조용히 대체되어버리는 것을 우리는 너무나 자주 목격해왔다. 살아남는 방법을 모르는 사람은 아쉽지만 사라져도 어쩔 수 없다는 것이 지금까지의 상식이었다.

하지만 마르쉐친구들은 이 상황을 '시장 공동체'의 역할로 돌려버렸다. 시장을 찾는 사람들이 저 농부의 진가를 알아채지 못하고 지나쳐버리는 상황을 같이 해결해야 한다는 문제의식으로 발동시킨 것이다. 그저 안타까워하는 것에 그치지 않고, 애써 못 본 척하지도 않았다. 문제가 눈에 보이고 방법이 머릿속에 떠오르자 "자, 해결합시다" 하고 사람들을 불러 모아 앞으로 나아갔다. 비용도 방법도 모두 마르쉐의 몫이었으니, 농부의 입장에서는 선물 같은 시간이었을 것이다.

이 프로젝트 덕분에 세 농가의 활기와 실적이 향상되었다. 투자가 확실하게 성공으로 이어졌다. 농가와 시장의 관계가 더욱더 단단해진 것은 두말할 나위가 없다. 각별하게 재배된 소중한 농산물이 더 많은 소비자를 만났으니 정말 다행이다. 프로젝트가 끝나고도 한동안 시장을 오가며 비트며 시금치를 덤으로 선물 받은 것도 다 이 일 덕이다. 마르쉐가 결정한 또 하나의 행동이 우리 모두를 행복하게 해주었다.

마르쉐는 공식 웹사이트에서 자신을 이렇게 소개하고 있다.

"생산자, 소비자, 자원활동가, 그리고 시민들이 모여 시장을 이룹니다. 대화하는 시장에서 함께 대화하고 성장하며 시장을 만들어가는 사람들의 모임, 사람이 시장입니다. 시장이 열리는 도시 공간은 농의 다양성과 풍요로움이 가득합니다. 서로 친구가 되어 물건을 사고파는 우산우소友産友消 공동체의 에너지가 가득합니다."

나는 이 소개 글을 읽을 때마다 마르쉐친구들이 일하는 모습이 떠오른다. 시장이 서기 전날 밤, 늦은 시간까지 연필과 지우개로 몇 번을 지웠다 그렸다를 반복하며 끊임없이 업데이트하던 시장 지도가 떠오른다. 동선이 편하고 설비가 효율적이면서 동시에 출점자들이 서로 이웃한 옆자리와 시너지가 날 수 있도록 자리 배치를 신경 쓴다. 그들의 출점 품목이 이번 시장의 어떤 부분과 맞닿아 시너지를 낼 수 있을지, 그들의 농사 이야기를 어떻게 하면 더 많은 이들과 나눌 수 있을지 프로그램 배치 하나하나 신경 써가며 세부사항을 놓지 않는 모습이 떠오른다. 그러면서 다시 시장 출점 내용을 확인하기 위해 출점팀에 돌리는 전화가 수백 통에 달할 것이다. 밭에 나가 있느라 혹은 통신 상태가 좋지 않아서, 좀처럼 연락이 되지 않는 농장에 '전화를 받을 때까지' 차분히 꾸준하게 통화를 시도하는 그들의 얼굴이 떠오른다.

마르쉐가 추구하는 농農의 가치에 공감하는 사람들

을 차근히 모아 하나의 세계를 이루기 위한 행동은 때로는 지치고 소모적이다. 웹사이트에 올리는 몇 개의 소개 문장을 현실로 만들기 위한 노력이 어마어마하다. 그리고 이 노력과 진심이 바로 마르쉐의 힘이다.

마르쉐가 지향하는 가치라는 것은 인터뷰를 위해 하는 멋진 말이 아니다. 그들이 생각하는 가치는 기꺼이 눈앞에 보이는 모든 현실을 자신들의 어깨 위에 짊어지려는 구체적인 행동이다. 한번 책임지겠다고 마음먹은 것에 대해서는 함부로 지나치거나 슬며시 눈감지 않는다.

나는 농가 브랜딩 프로젝트를 진행하며 마르쉐의 '함께 나아가는 행동'의 프로세스를 경험할 수 있었다. 그들의

* 출점팀의 자리 배치도를 칠판에 그리고 있는
  마르쉐친구들.

신념 위에서 이루어지는 모든 행동이 결국 브랜드의 최종적인 형태를 만들어낸다는 것을 마르쉐와 함께하며 크게 배웠다. 경쟁과 생존, 진화에 대한 마르쉐의 관점이 더욱 생생하게 다가온다. 브랜딩은 역시 행동이다.

지혜를 잇

마르쉐와 함께 공식 웹사이트 만드는 일을 했다. 시장이 3-4년 차에 접어들자 블로그만으로는 담아낼 내용이 감당이 되지 않아 마음먹고 한번 자료를 정리하자며 야심차게 시작한 '아카이빙 플랫폼 구축 프로젝트'였다. 마르쉐가 그간 꾸준히 축적해온 '새로운 농업'에 대한 정보를 더 많은 사람들과 나누고, 마르쉐 스스로도 편하게 자료를 점검하기 위한 목적에서 시작되었다. 데이터를 들고 작업하는 것을 좋아하는 나에게는 꽤 두근거리는 의뢰였다. 그런데 일을 시작하고 보니, 세상에. 놀라운 상황이 나를 기다리고 있었다.

이들이 말하는 데이터 정리는 컴퓨터 폴더의 파일을 만지는 일이 아니었다. 마르쉐친구들의 머릿속에, 수첩 안에, 핸드폰에 저장되어 있는 내용에서부터 시작해야 하는 것이었다. 모든 정보가 마르쉐친구들의 수첩에 수기로, 핸드폰에 사진으로, 머릿속에 경험으로 기록되어 있었으니, 이 프로젝트의 일차 목표는 마치 구전민요를 받아적듯 이들의 오프라인 자료를 모두 디지털화하는 것이 되었다.

게다가 회의를 하면 할수록 계속 새로운 내용이 쏟아져나왔다. 대부분의 정보는 꼬리에 꼬리를 물고 나타나기 때문에 절대로 한 번에 '짠' 하고 나타나지 않았다. 방대한 데이터를 정리해야 하는 절대적인 시간이 부족하다 보니 프로젝트 수행 기간이 몇 번씩 늘어지기도 했다.

그러던 어느 날, 함께 일하는 동료의 권유로 그간 정리된 데이터를 읽어보기 시작했다. "좀 들여다봐, 재미있어"라고 말하는 동료의 말에 반신반의하며 농가별로 정리된 농법, 품종, 농사 일정을 읽어 내려갔다. '씨앗밥상'에서 사용한 식재료의 특징이나 토종 품종의 다양한 활용법 등도 하나 가득이다. 무심하게 입력했던 글자들이 이렇게 재미있고 생생한 것들이었다니, 순간 이 복잡한 엑셀 시트가 마르쉐의 가장 큰 힘이라는 생각이 들었다. 이 아름다운 복잡성의 세계를 담아내기 위해 당연히 이 모든 시간을 들여야 마땅했다.

마르쉐 출점팀으로 선정되기 위해서는 이들이 지향하는 식문화의 가치를 함께 수호해야 한다. 꽤 많은 항목의 마르쉐 원칙들을 만족시켜야 한다. 그리고 이 항목들이 마르쉐 플랫폼 구축 작업량의 대부분이었다.

　　농부팀은 환경에 부담을 최대한 덜 주며 지속 가능한 땅을 이어가는 농법을 실행해야 한다. 당연히 비료나 농약의 사용을 스스로 컨트롤할 수 있는 지혜를 가진 농가를 선호한다. 자가채종, NON-GMO(유전자 변형 농산물) 등 안전하고 건강한 씨앗을 사용하는 생산자를 응원하며, 기존 시장 납품이 어려운 소규모 다품종 생산의 작은 농가를 지지한다. 또한 평범한 사람들이 일상 요리에 사용할 수 있는 품종을 들고 나오기를 권유한다. 요리팀 역시 이 모든 기준에 최대한 부합하는 식재료를 사용할 것을 제안하며, 마르쉐에 출점하는 농가의 재료를 사용하도록 해 시장 내 순환을 꾀한다. 수공예팀의 공예품은 환경 친화적인 생활 습관을 유도할 수 있어야 하고, 재료나 생산방식에 있어서 환경을 배려해야 한다.

　　이 모든 섬세한 마르쉐 원칙들은 '대화가 있는 시장'이라는 명제로 수렴된다. 이 시장의 핵심 가치는 '대화'다. 시장에 출점하는 농부, 요리사, 공예가는 상품의 진정한 가치를 제대로 설명할 수 있어야 한다. 고객이 이들과의 대화를 통해 상품에 대해 정확하게 알 수 있도록 하기 위해서다. 따라서 마르쉐의 모든 출점자는 스스로 상품을 생산하는 당사자여야 한다. 이것은 마르쉐의 절대 불변의 약속이다. 그 밖에도 포장할 때 일회용품을 쓰지 않는 등 지켜야 할 시장의 약속이 즐비하다. 그리고 모두가 당연한 자세로 이 모든 마르쉐 원

*마르쉐가 지켜나가는 원칙들.

마르쉐는 일회용품 사용을 최대한 자제하며 시장에 출점한 농가의 농산물을 식재료로

사용하게 해 시장 내 선순환을 꾀한다.

칙을 변함없이 지켜오고 있다.

　　　마르쉐가 내거는 출점팀의 조건은 일종의 선언 Statement이다. 방대한 다양성과 세세한 조율 과정은 오직 마르쉐만의 경쟁력이자 정체성이다. 오랫동안 차곡차곡 쌓아온 음식의 재료를 기르고 다루는 지혜, 체질과 기후에 맞게 맛있게 요리하고 건강하게 보관하는 지혜, 그리고 이 모든 것을 위해 땅과 씨앗을 지키는 지혜를 담고 이어가겠다는 그들의 의지가 마르쉐 원칙에 꼼꼼하게 새겨져 있다.

브랜딩을 공부하거나 브랜딩을 직업으로 가지고 있는 사람이라면 꼭 마르쉐를 찬찬히 경험해봤으면 좋겠다. 마르쉐라는 존재의 이유와 목적을 위해 시장의 모든 요소가 기가 막히게 작동하는 현장을 살펴봤으면 좋겠다.

어딘지 모르게 형태나 배치가 어긋나 보일 수는 있

다. 모자란 점을 찾아내라면 얼마든지 찾아낼 수 있다. 하다 못해 지금까지 다양한 디자이너들이 자유롭게 그려온 마르쉐 포스터를 쭉 늘어놓고 보면 도대체 어떤 일관성을 가지고 디자인한 거냐며 의문을 가질 수도 있다.

브랜딩 덕후라면 아쉬운 점이 많이 눈에 띌 것이다. 나도 그랬다. 하지만 그 덕후에게 혹은 그때의 나 자신에게 "브랜딩이 무엇이라고 생각하는가"라는 질문을 하고 싶다. 잠깐 아쉬움을 멈추고 마르쉐가 만들어온 마르쉐만의 브랜딩 방식에 주의를 기울여보자. 핵심이 되는 가치들이 오랜시간 형태를 갖추어 제 기능을 펼치고 있고, 그들의 생명력이 눈앞에 펼쳐진 아름다운 시장 곳곳에 스며 있으니, 진정한 브랜딩 덕후라면 아마 그 포인트를 쏙쏙 찾아내 감동받을 것이다.

마르쉐는 늘 고민이 많다. 그리고 앞으로도 고민은 더욱더 많아질 것이다. 하지만 단순히 고민의 수만 많아진다고 생각하지 않는다. 고민의 질이 높아지는 것, 그러니까 고민마저도 깊어지고 넓어지면서 또다시 마르쉐만의 특별한 풍경을 만들어내고 더 많은 사람을 그 고민의 현장으로 초대할 게 분명하다.

질 좋은 고민이란 존재의 이유와 성장의 질문이 명확한 사람들만 가질 수 있는 훈장이다. 존재의 이유와 성장의 질문을 사유하는 것은 곧 철학이다. 나는 이것이 마르쉐가 가진 가장 큰 브랜드 파워라고 생각한다.

2부   중심이
단단해야
유연해진다

사과 농장
파머스파티

장 직거래

디자이너에게 협업을 제안하는 의뢰인(이하 '클라이언트')은 대개 두 가지 상황 중 하나에 처해 있다. 첫 번째는 야심차게 신사업을 런칭하는 경우, 두 번째는 어느 정도 기반이 잡혀 있는 기존 사업의 리뉴얼 혹은 확장을 원하는 경우다. 이를 바꾸어 생각해보면, 위기에 처한 사업주가 굳이 회계사나 컨설턴트가 아닌 디자이너를 찾는 경우는 별로 없다는 이야기다.

정부 지원금을 써야 하는 경우가 아니고서야 힘든 시기에 굳이 디자인에 투자하려는 사업주는 거의 찾기가 어렵다. 문제 해결의 실마리를 디자이너와 함께 찾을 수 있을 거라는 상상을 쉽게 하지 못하는 것이다.

'파머스파티'가 새로운 브랜딩으로 사람들에게 관심을 받을 수 있었던 것은 고민 많은 클라이언트가 디자이너에게 손을 내밀어 적극적으로 문제 해결에 나섰기 때문이다.

경상북도 봉화군 춘양면 문수산 자락에 위치한 작은 사과 농장의 이름은 원래 '봉화농원'이다. 삼형제가 함께 사과밭을 일구고 계신데, 우리를 찾아낸 분은 막내인 이봉진 사장님이다. 사장님은 원래 우리에게 웹사이트와 사과박스, 이렇게 두 가지 항목의 디자인 작업을 의뢰하려고 했다. 그러면서 디자인 발주의 이유를 아주 명확하고 간결하게 얘기했다. 더 이상 유통 시스템의 갑질에 고통받고 싶지 않다고. 그래서 생각해낸 방법이 고객과의 직거래이며, 그 방법의 일환으로 디자인을 활용하고 싶다고 했다.

2010년에 농장 직거래를 위한 브랜딩 작업을 한다는 것은 상상하기 힘든 일이었다. 다양한 플랫폼이 에이전트 역할을 해 고객과의 접점이 많아진 지금도 개인 농장이 직접 직거래를 성공시키기는 여전히 쉬운 일이 아니다. 그런데 이 농부 아저씨는 그 어려운 걸, 그 당시에, 꼭 성공해 보이겠다고 했다.

이봉진 농부 아저씨의 고민과 의지는 한 농장만의 단순한 이야기가 아니었다. 개인의 고민은 언제나 개인이 속한 사회의 오류와 맞닿아 있기 때문이다. 이 농부 아저씨가 마주하고 있는 문제는 상품 패키지나 웹사이트를 제작하는 것보다 더 많은 액션을 요구할지 모른다는 추측이 자연스럽게 생겼다. 유통 문제가 쉽게 해결될 일이었다면, 애초에 이렇게까지 고질적인 문제로 여겨질 리가 없다.

농부 아저씨와 미팅을 하며 이런저런 이야기를 듣다가 덥석 프로젝트를 맡겠다고 했고, 역으로 사장님에게 새로운 제안을 했다. 이 문제 해결을 위해 좀 더 장기적이고 거시적인 접근이 필요할 것 같으니, 전반적인 브랜딩 프로젝트를 함께하자고 말이다.

결국 사장님을 설득했고, 이 일은 이제 막 시작된 브랜딩 회사 '액션서울'의 첫 번째 프로젝트가 되었다. 그리고 나는 액션서울에 합류하여 함께 파머스파티를 만들어갔다.

하나의 프로젝트를 시작하기에 앞서 항목, 견적서, 기간과 같은 것들을 협의하는 데 소요되는 시간과 과정을 떠올리면, 파머스파티의 시작은 너무 쉽게 합의가 이루어진 게 아닌가 싶기도 하다. 게다가 브랜딩이라는 것이 업계 이외의 사람들에게는 아직까지도 아주 애매한 범주의 단어인지라 "브랜딩을 하자"라는 말이 농부 아저씨에겐 무엇을 어떻게 하자는 건지 상상하기 쉽지 않았을 것이다. 그런데도 어떻게 그런 빠른 결정이 가능했던 걸까 곰곰이 생각해보게 된다.

브랜딩을 하자는 우리의 제안을 농부 아저씨는 정확하게 알지 못했을 것이다. 브랜딩 제안을 했던 우리조차 앞으로 어떤 일이 벌어질지 몰랐으니 말이다. 그럼에도 불구하고 단호하게 결정하고 진행을 결정해주신 것이 그저 놀라울 뿐이다.

이봉진 사장님이 진실된 고집쟁이라서 가능했다는 생각이 든다. 목표 의식이 확실한 사람은, 원하는 성과를 낼 수 있다면 성취 방식에 대해서는 어느 정도 마음에 여유가 생기게 마련이다. 잘 모르겠다는 불확실한 마음이 있다 할지라도 말이다. 근본적인 가치관이 잘 닦여 있는 사업이라면, 다양한 방법론에 대해 열려 있고 실험과 실패를 통해 충분히 협의하고 검토해볼 여지를 가지고 있다. 이런 사업주야말로 진정한 고집쟁이라고 생각한다. 원하는 것을 확실하게 알고 있는 클라이언트, 그리고 그의 목표에 함께하고 싶은 우리의 마음이 통해 파머스파티는 단순 명확하게 만들어졌다.

2010년 겨울부사를 첫 상품으로 시작한 파머스파티는 사장님의 건강한 고집을 그대로 담아 '정직'을 콘셉트로 브랜드를 만들기 시작했다. 사과의 맛과 질, 농법의 안정성을 발신하면서 전적으로 사장님의 캐릭터를 온전하게 담아 믿음을 주는 브랜드로 키워나갔다.

파머스파티의 브랜딩은 우리가 일을 시작하고 해나가며 받은 다양한 감동을 고객에게 그대로 전하는 것을 목표로 했다. 파머스파티가 추구하는 고집을 계속 지켜가기 위한 우리의 즐거움이 탄생하고 성장하는 시간이었다.

클라이언트와의 관계는 어디까지일까?

"나는 디자인은 잘 모르니까 알아서 해줘요. 그냥 내가 농사
에 최선을 다하는 만큼 열심히 해주면 돼요."

　　　클라이언트를 만나고 돌아온 동료에게 전달받은 미
팅 내용이다. 브랜딩은 전문가인 당신들이 맡아달라, 그저 내
가 농부로서 사과를 최고로 열심히 키우는 만큼 당신들도 디
자이너로서 최선을 다해달라는 매우 획기적인 발주서를 받
아온 것이다. 순간 차곡차곡 스스로 정리해온 브랜딩 노트를
농부 아저씨에게 싹 빼앗겨버린 느낌이 들었다. 그렇게 "자,
처음부터 나랑 같이 새로 써볼까?" 하며 씩 웃고 있는 농부
아저씨를 클라이언트로 맞이했다.

전적으로 모든 것을 맡았다. 우리의 클라이언트는 일을 맡긴 후에는 아예 눈을 감아버렸다. 디자인 수정이나 최종 컨펌도 우리 스스로 해내야만 했다. 클라이언트의 컨펌이 아예 없으니, 그에게 책임을 넘길 수 없는 상황이 펼쳐졌다.

인하우스 작업도, 갑을의 하청 작업도, 협업 작업도 아닌 기묘한 형태로 시작한 농장과 우리의 관계는 결국 파머스파티라는 브랜드를 함께 키워가는 운명 공동체로 귀결되었다. 인하우스 동료처럼 모든 중요한 데이터를 공유하며 가능한 모든 옵션을 논의했고, 서로가 서로의 갑이 되어 가감 없이 의견을 내고 또 충실하게 대응했다. 아티스트 컬래버레이션 Artist Collaboration(서로 다른 영역에서 활동하는 아티스트들이 협업을 하면서 새로운 가치를 만들어가는 활동을 의미한다)을 하는 것처럼 각자가 가진 최대치의 장점을 끌어올렸다.

고민이나 문제가 생기면 눈치보지 않고 바로바로 공유할 수 있는 완벽한 동료 의식을 가지고 일했다. 물론 농장과의 업무 통화는 무조건 사장님이 밭에 나가기 전인 새벽 6시였지만 말이다. 하하.

농장에서는 마케팅에 필요하다고 하면 언제나 부족함 없이 사과를 보내주셨고 중요한 세일즈 데이터를 투명하게 공유해 함께 전략을 세웠다. 더 재미있는 브랜딩 판을 벌이고 싶어 하는 액션서울을 위해 농한기에도 궂은 아르바이트를 하며 자금을 조달해주기도 했다.

우리는 주말마다 다양한 마켓과 각종 행사, 콘서트

와 페스티벌에 나가서 판매 부스를 차렸고, 레스토랑과 카페에 연락해 샘플을 보내며 납품처를 찾아다녔다. 스스로 자금을 투자해 굿즈를 만들기도 했다. 함께 일한다는 동료 의식을 넘어선 주인 의식이 만들어낸 프로젝트였기 때문에 가능한 셀프 업무였고, 우리의 마음에 새겨진 '좋은 농사를 짓는 것처럼 좋은 브랜딩을 짓는 것'이라는 계약 조건의 이행이기도 했다.

물론, 이 관계의 장점만 열거하면서 허세를 부릴 생각은 아니다. 일의 시작과 끝 사이에는 정말 수없이 많은 사건들이 벌어진다. '성공은 수많은 실패 속에서 성장한다'라는 말은 참 쉽다. 하지만 눈앞의 손실을 쳐다봐야 하는 그 힘든 심정을 '장기적인 관점으로 생각하면 지금 큰 공부를 한 거야. 괜찮아'라고 위로하며 가라앉히기란 여간 어려운 일이 아니다. 넓은 초원에서 온종일 네잎클로버를 찾는 심정이랄까. 수많은 시도와 실수 속에서 작은 성공들을 만들어간다는 것이 말이다. 잘하려는 생각으로 가득 찬 사람들은 끊임없이 실수하게 마련이다. 좋은 의미로.

파머스파티에도 정말 많은 일이 있었다. 제작이 완료되어 출고된 사과박스가 연말연시나 명절 같은 택배가 많아지는 시즌의 대량 운송에 적합하지 못한 재질이었음을 뒤늦게 알고 제작물 전량 폐기 및 재발주를 해야 했다. 야외 페스티벌에 참가해 팔아보겠다며 대량으로 사과를 주문해놓고 다 팔지 못해 사무실 한 가득 쌓아두고 할인 판매하느라 혼쭐이

난 적도 있다. 과일 장사의 대목인 추석에 맞춰 대대적으로 매체 광고를 준비했는데 늦여름 날씨가 나빠져 빨간 사과가 출하되지 못했을 때에는 기대했던 실적을 거두지 못해 한참 시무룩해 있었다. 아무리 꼼꼼히 준비해도 놓치는 것이 생기고, 내 힘으로 어떻게 하지 못하는 일들은 벌어지기 마련이다.

주인 의식의 실체는 손실을 대하는 자세에서 드러난다.

"안녕하세요. 파머스파티는 농부와 디자이너의 공동 브랜드입니다."

이 말은 우리가 홍보를 하러 다닐 때마다 입 밖에 내는 첫마디였다. 자신 있게 공동 브랜드라고 말할 수 있는 데는 당연히 여러 합의가 요구되지만, 나는 무엇보다 공동 브랜드란 공동의 손해에 먼저 방점을 찍을 수 있어야 내뱉을 수 있는 말이라고 생각한다. 성공을 맛볼 때와 마찬가지로 함께 실수를 솔직하게 인정하고 분석하며 충실하게 대응하여 각자가 책임질 수 있는 최대치를 감당하는 관계를 가지게 될 때 비로소 진짜 동료가 된다.

전량 폐기된 사과박스들, 팔지 못하고 남겨진 사과들. 이런 사건들을 대하는 우리의 마음이 누군가에게 전적으로 책임을 지우는 쪽으로 결론났더라면 어떤 일이 벌어졌을까.

성공하는 브랜딩 프로젝트에는 갑과 을이 따로 없다. 즐거운 브랜딩 작업에서는 모든 작업자가 브랜드의 주체이면서 동시에 서로 동료가 된다. 사업의 본질에 깊숙이 개입하는 브랜딩이라는 일은 우리로 하여금 클라이언트의 철학과 자연스럽게 닿게 해주고, 일을 만들어가는 과정 속에서 참여하는 모든 이의 세계관에 접근할 수 있도록 해준다. 클라이언트와의 관계가 일의 퀄리티뿐만 아니라 일하는 사람의 삶에까지 영향을 주는 순간이다.

　　모든 클라이언트와 진정성 있는 관계를 가질 수는 없다. 하지만 만약 가능한 상황이 온다면 한 번쯤 시도해보면 좋겠다. 함께 일하는 사람과의 관계가 자신의 업무를 중심으로 성장하게 될 때, '일하는 삶'의 질도 함께 성장하기 때문이다. 이것이 클라이언트와의 관계를 포트폴리오 메뉴로 끝내지 않고, '일하는 나'의 성장 밑거름으로 만들 수 있는 방법이다.

사과로 할 수 있는 모든 짓을 일단 다 해보자

모든 짓을

보편적인 유통 시스템에 반하는 행동을 한다는 것은 보편적인 상식에 반하는 시도를 하는 것과도 같다. 게다가 이러한 시도가 한 번의 실험이 아닌 오래가는 성공 사례로 성장하기를 욕망한다는 것은, 이 일을 통해 기꺼이 새로운 보편성을 만들겠다는 의지의 표현이기도 하다.

당시 파머스파티 브랜딩은 고객들뿐만 아니라 브랜드를 만드는 우리 스스로에게도 꽤 낯선 상황이었다. 농부 아저씨의 농사에 대한 노력에 상응하는 작업으로 지금 세상의 관심 범위, 즉 트렌드를 저격하겠다는 목표는 한마디로 전례 없는 브랜드를 만들어 성공하겠다는 야심만만한 꿈이었다.

일단 잘 모르겠으니 할 수 있는 것은 다 해보자 하

는 심산이었다. 브랜딩의 기본 영역인 아이덴티티(로고를 기반으로 한 브랜드 정체성에 관련된 디자인 작업), 패키지, 웹 작업을 뼈대로 살을 붙여가기 시작했다. 하루하루 새롭게 만나는 상황과 다양한 고객을 통해 유입되는 새로운 정보를 재료 삼아 하루 종일 파머스파티 브랜딩을 했다.

가끔 그때의 동료들을 만나면 "도대체 무슨 정신으로 그렇게나 신나게 일했던 거지" 하고 웃으며 회상하곤 한다. 파머스파티는 세 명의 인원으로 시작해 가장 많이 일할 때는 예닐곱 명까지 움직였는데, 나는 언젠가부터 그중에서도 가장 극성인 한 명이 되어 있었다. 이 난리인 자에게 브랜드 매니저라는 이름도 붙여주었다. "그 당시의 당신은 정말 이해할 수 없는 사람이었어"라는 소리를 들을 정도로 스케줄이 엄청나게 빡빡했다. 그럴 수밖에 없었던 게 결국 내가 해야 한다고 주장한 일들이라, 내가 나를 따라잡아야 했다.

아래는 내 컴퓨터에 남아 있는 파머스파티 브랜딩 작업 내역이다.

	연도	업무 내용
시즌 1.	2010	브랜드 아이덴티티 및 어플리케이션
브랜드	8-12.	웹 디자인/개발
런칭		패키지 [보급형/종이박스, 선물형/자작나무박스] 개발-제작 발주-검수
		제품 촬영
		런칭 프로모션 "I'm your farmer" 기획-디자인-촬영
		파머스파티 리어카 자전거 디자인 및 제작
		광화문 조선일보 갤러리 프로모션 전시 및 길거리 판매 행사 진행
		매체 홍보 및 인터뷰

시즌 2. 신상품 런칭	2011	기존 브랜딩 1차 리뉴얼 및 신상품 브랜딩 기업 대량 납품 시작	
		전시/판매 행사	강남역 부티크모나코뮤지엄 효자동 갤러리팩토리 헤이리 블루메아트샵/금산갤러리 디자인코리아 초청전 롯데백화점 일산점 롯데갤러리 초청전
		입점/판매 행사	NHN그린팩토리 유기농 장터 그랜드민트페스티벌
		브랜딩 강의/토크	WK마케팅 컨퍼런스 움직이는 디자인 세미나/커튼홀 오픈 토크
		1차 고객 이벤트 – 100% SORRY 사과 드리러 왔습니다 미래 농업 워크숍 – 2040 AGROPOLIS FARMERSPARTY 온라인 잡지 〈100% Magazine〉 발행(3절기에 1회)	
시즌 3. 확산	2012	기존 브랜딩 1차 리뉴얼 및 신상품 브랜딩 추가 각종 도소매점 납품 영업 시작 [영업용 키트 제작 배포/온오프라인 영업]	
		전시/판매 행사	대한민국 우수상품 박람회 디자인코리아 2012 한국공예디자인진흥원 ‘도시농부의 작업실’ 서울 디자인페스티벌 ‘농사와 디자인’ 특별전 서교예술실험센터 ‘마우스풀 프로젝트’
		입점/판매 행사	서울 농부의 시장 농부의 시장 마르쉐 갭 신규 매장 런칭 이벤트 본투락 콘서트 언리미티드 에디션 교보문고
		브랜딩 강의/토크	2012 공공디자인 국제 심포지엄 TEDx 각 대학 및 농업 관련 기관 다수
		2차 고객 이벤트 – 100% SORRY 사과 드리러 왔습니다 100% REUSE 고객 캠페인 ‘100% 박스를 완성해주세요’ 노을공원 디자인 피크닉 ‘사과 요리 만들기’ 고객 초청 이벤트 파머스파티 핸드메이드 에디션 제작/판매: ‘워크스’, ‘스탠다드A’와 디자인 콜라보 프로젝트	

파머스파티는 다양한 방식으로 브랜딩 세부 계획을 추진했던 브랜드다. 여러 층위의 고객들에게 정확하게 브랜드를 전달하고 싶은 욕심에 짧은 시간 동안 정말 많은 시도를 했다.

기본적으로는 2030 젊은 세대를 중심으로, 이들을 다시 세부적으로 분류해 전략을 실행했다. 먼저 20대 학생과 사회초년생을 대상으로는 SNS 마케팅, 미래 농업 관련 워크숍, 페스티벌 참가 등의 활동을 하면서 타깃층과의 접점을 만들었다.

트위터에 '파파사과'라는 계정을 만들어 파머스파티 농장의 사과가 농장 소식을 전한다는 가벼운 시도에서부터, 미래를 준비하는 취준 세대와 함께 앞으로의 농업에 대해 고민하는 진지한 시도까지 다양하게 접근했다. 20-30대 직장인을 대상으로는 상품에 대한 구체적인 정보를 중심으로 SNS 마케팅을 실행하고, 그들이 여가를 즐기는 지역과 장소를 추적해 그곳 카페에 납품을 하거나 갤러리 전시를 하며 브랜드의 노출 빈도를 높였다. 자녀가 있는 가족을 대상으로는 요리 워크숍을 열고, 키즈카페 납품도 함께했다. 농장 사모님도 블로그 활동을 활발히 해주신 덕에 젊은 가족 고객의 유입이 활발하게 이루어졌다.

그리고 소위 힙스터 그룹을 대상으로는 직접 만든 애플버터, 사과가 주인공인 아트워크 엽서와 우표 세트, 원목 수제 도마 세트, 에코백 등을 디자이너, 제작자와 함께 개발해 파머스파티 굿즈로 출시했다.

　　이렇게 다양한 아이디어를 내고 실행하면서 사람들의 눈길을 끌고 이야깃거리를 만들어내는 과정은 즐거웠고, 스스로도 브랜딩이라는 일이 이렇게 카멜레온 같은 매력이 있구나 싶었다.

• 파머스파티 프로모션을 위해 만든
애플버터와 수제도마, 엽서.

브랜딩을 할 때 가장 먼저 결정해야 하는 항목 중 하나가 다름 아닌 타기팅Targeting이다. 궁극에는 모든 층위의 사람들에게 사랑받는 것이 목적이지만, 1차 목표 대상이 누구인지 정하는 것이 브랜드의 미래를 좌우한다고 해도 과언이 아니다.

파머스파티는 새로운 개념의 브랜드를 효과적으로 전달하기 위해 '다양한 시도'라는 전략을 선택했고 새로운 것에 쉽게 흥미를 느끼고 호기심이 강한 젊은 세대에게 마케팅을 하는 것이 유리하다고 판단했다. 전례 없는 신기한 브랜드에 거부감을 느끼지 않는 사람, 우리의 다채로운 시도에 기꺼이 참여할 수 있는 사람이 초기 파머스파티의 고객으로 발전할 가능성이 높다. 게다가 그들은 바로 우리 자신들이기도 했기 때문에 가장 잘 이해할 수 있는 사람들이기도 했다.

파머스파티의 첫 출발이 된 마케팅 슬로건인 '아임 유어 파머I'm your farmer'는 영화 〈스타워즈〉의 대사 '아임 유어 파더I'm your father'를 패러디한 것으로, 제다이의 가면을 쓰고 광선검 대신 괭이를 든 농부를 현수막에 함께 담아내 홍보에 활용했다. 이런 마케팅을 한눈에 알아보고 재미있어하며 미끼를 덥썩 물 수 있는 사람들을 확실하게 확보하는 것이 우리의 첫째 목표였다. 물론 결과는 대성공. 덕분에 매스컴을 타며 상쾌한 런칭을 할 수 있었다.

그 후로도 한동안 다양한 이벤트를 계속 실행했다. 사과라는 단어를 중의적으로 활용하면서 동시에 파머스파티에서 밀고 있는 '100%'라는 태그라인을 강조하는 이벤트 '100% SORRY, 사과드리러 왔습니다', 그리고 같은 태그라인을 활용하면서 친환경 브랜드의 이미지를 굳히기 위한 패키지 재활용 이벤트 '100% REUSE 프로젝트' 등 언어 유희와 고객 참여 두 가지 측면을 노리며 파머스파티를 유쾌한 브랜딩으로 만들어나갔다.

　　파머스파티 타깃의 확장은 금세 이루어졌다. 파파사과의 맛을 본 우리의 1차 고객들이 부모님에게, 조카에게, 직장 동료에게 파파사과를 소개하고 선물하기 시작하면서 새로운 고객을 만나고 성장을 거듭할 수 있게 되었다.

* (위) 파머스파티 첫 출발이 된 마케팅 슬로건 'I'm your farmer' 현수막이 걸린 모습.
* (아래) 언어유희를 이용해 진행한 100% SORRY 이벤트. 고객이 원하는 상대에게 사과 메시지와 함께 파파'사과'를 전달하는 유쾌한 이벤트였다.

브랜드를 새롭게 시작한다는 것, 즉 사업을 시작한다는 것은 아무리 꼼꼼하게 계획하고 분석해도 대비할 수 없는 불확실성을 감당할 줄 알아야 한다는 것을 의미한다. 새롭기 그지없는 브랜드의 브랜딩을 담당했던 우리 또한 그러한 불확실성을 함께 짊어져야 했다. 작은 개인 농장이 얼마나 미래를 예측하고 데이터를 분석하며 사업을 시작할 수 있겠는가.

그저 해볼 수 있는 건 전부 다 시도해볼 뿐이었다. 우리는 더 많은, 더 다양한, 더 직접적인 작당을 하지 않을 수 없었다. 얻을 수 있는 데이터와 예측할 수 있는 미래는 하루하루 우리가 저지르는 행동에서 나오는 피드백이 전부였다. 그렇기 때문에 더 많이 행동하고, 더 많이 듣는 것이 파머스파티 브랜딩의 정답이었다. 그러다 무언가 조금씩 보이기 시작하면서 브랜드 콘텐츠는 스스로 성장하기도 하고 알아서 사라지기도 한다. 변화를 기반으로 다음의 브랜딩 단계를 상상하는 아이디어와 근거가 생기게 된 것이다.

파머스파티 런칭 이후 가장 현실적으로 나타난 변화는 1년 내내 판매가 가능한 '파파사과즙'이라는 가공 상품의 출시다. 바닥에 떨어지거나 병들지 않은 건강한 사과로 아무런 첨가물 없이 정직하게 생산한 브랜드 스토리를 발신하고, 선물하기 딱 좋은 패키지로 디자인된 파파사과즙은 기존 고객뿐만 아니라 신규 고객의 유입에도 효과적이었다. 파파사과즙의 안정적인 판매는 사장님으로 하여금 새로운 유통과 시장에 대한 그림, 즉 품질 좋은 농산물의 다양한 판매에 대한 그림을 그릴 수 있도록 해주었다. 덕분에 배, 브로콜리, 머루, 조청과 같은 여러 가지 품종의 실험적인 판매도 시도하고, '봉봉허니'라는 새로운 가공 상품도 출시할 수 있었다.

그동안 파파사과를 활용해 시도했던 메뉴들 중에서도 좋은 피드백을 받은 녀석들이 추려졌다. 사과가 아낌없이 들어간 뱅쇼는 외부 행사의 주전 멤버가 되었고, 시간과 정성이 들어가는 애플버터 토스트는 애플버터 단품 굿즈로 판매하기도 했다. 각종 전시와 행사에 초청되는 파머스파티의 주요 캐릭터 '리어카 자전거'는 실제로 길거리 판매용 부스가 되었고, 실제 농장에서 사용하는 플라스틱 운송 박스, 농기구 등은 멋진 비주얼을 자랑하는 행사 아이템이 되었다.

* 파머스파티의 주요 캐릭터인 '리어카 자전거'.

* 기존 고객뿐 아니라 신규 고객의 유입에도 효과적이었던 파파사과즙.
파파사과즙의 안정적인 판매는 새로운 유통과 시장에 대한 그림을
그릴 수 있도록 해주었다.

'이렇게 했더니 저런 반응이 오는구나' 하고 느끼면서 좀 더 유연하게 방향을 조정해갈 수 있는 힘은 애초 의도했던 것보다 더 많은 가능성을 열어주는 기회가 된다. 대부분의 기획자나 전략가들은 머릿속에 미리 멋진 그림을 완벽하게 그리는 능력이 있다. 뜻하는 대로 꼭 이루고 싶은 열망은 원하는 그림을 그리는 데에서 시작한다. 하지만 간혹 생각했던 대로 그림이 그려지지 않는다고 좌절하지 않았으면 좋겠다. 이 골목 저 골목 쏘다니며 이것저것 보고 듣고 느끼다 보면 어느새 더 좋은 감각이 생기는 때가 오니깐 말이다. 양적 성장을 기본으로 성장하는 감각은 실행을 두려워하지 않는 기획자만이 가질 수 있는 특권이다.

브랜드의 멋진 그림은 브랜드 오너나 브랜딩 전문가의 전유물이 아니다. 오히려 브랜드에 공감하는 단골 고객, 즐겁고 흥미로운 브랜딩을 함께하는 다양한 작업자들의 상상이 한데 모일 때 멋진 빅 픽쳐가 완성될 수 있다. 수많은 사람들과 기대하지 못했던 다양한 일을 시도해보는 것, 이것이 브랜딩을 하는 사람들이 누릴 수 있는 최고의 즐거움이라고 생각한다. 브랜딩을 하는 모든 사람들이 이 특권과 즐거움을 꼭 맛보기를!

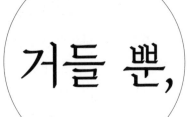

거들 뿐,

브랜딩은 거들 뿐,
'모두에게 말 걸 수 있는 맛'이 다했다

"이렇게나 재미있고 효과 만점인 브랜딩을 했습니다" 하고
자랑을 늘어놓았지만, 결국 파머스파티의 성공 요인이 무엇이
냐고 묻는다면 그건 당연히 "이 사과가 정말 맛있고 건강하
니까"라고 답할 수밖에 없다.

　　　타기팅의 관점에서 바라본 파머스파티의 성장 과정
은 꽤 감동적이다. 프로젝트 초반에는 우리가 의도한 고객들
에게서 원하는 피드백을 얻는 것 자체가 너무나 기뻤다. 사과

라는 평범한 과일을 다양한 상황에 던지고 멋진 모습으로 변신시켜 사람들과 더 친해지게 만들겠다는 목적을 이뤄가는 과정이 정말 신났다. 강남역에서, 광화문에서, 음악 페스티벌과 갤러리에서, 트위터와 페이스북에서 파머스파티 사과를 만나 즐거워하고 맛있게 즐기는 고객들을 보면 너무나 뿌듯했다.

시간이 흘러 브랜드가 성장해 더 넓은 범위로 고객층이 확장되자, 전혀 생각지도 못한 곳으로부터 값진 소식을 전해 들을 수 있었다. 오륙십 평생 해마다 사과를 드신다는 어르신에게 "내 평생 이렇게 맛있는 사과를 처음 먹는다"라는 칭찬을 듣는가 하면 "우리 집 아이가 사과를 절대 안 먹는데 파머스파티 사과는 정말 잘 먹어요", "저는 사과 알레르기가 있어서 평생 사과 근처에도 안 갔는데 이상하게 파파사과는 먹을 수가 있어서 기뻐요"라는 놀라운 이야기를 들었을 때는 솔직히 어안이 벙벙했다. 도대체 이 사과의 정체가 뭔가 싶었다. 그러니 더 가열차게 일하지 않을 수가 없었다. 더 가열차게 이 맛이 퍼져나가는 것을 부추기고 싶었다.

브랜딩은 런칭 초반에 가장 폭발적인 힘을 발휘한다. 기존 시장에 대한 분석을 바탕으로 오랜 시간 총력을 다해 멋진 모습을 보여주기 위해 준비했을 테니, 초반에 사람들의 마음을 휘어잡지 않으면 안 된다는 법칙은 브랜딩을 하는 사람들에게는 불문율이면서 동시에 강박이기도 하다. 어떻게든 '오픈빨'을 확실하게 만들어내기 위해 힘을 쏟아붓는 것이다.

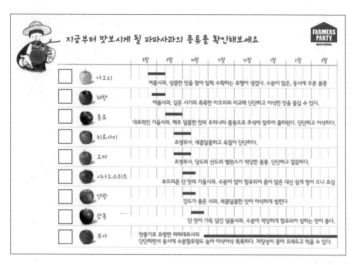

* 사과의 종류를 보기 쉽게 만든 표.
파파사과의 시즌별 취급 품종을 소개하며 고객이
각자 사과 취향을 가질 수 있도록 했다.

하지만 정말 우리가 마음에 두어야 하는 부분은 '브랜드가 얼마나 차근히 성장하고 잘 나이 들어가는가' 하는 점이다. 앞으로도 쭉 계속해서 브랜드가 존재해야 하는 이유를 만들어내야 하는 브랜딩의 성장 작업은 브랜드 자체의 힘 없이는 불가능하다. 브랜드의 힘이 없는 성장은 브랜딩 전문가조차 갈 길을 잃게 하고 허언증에 시달리게 한다.

파머스파티의 브랜딩은 언제나 맛있는 사과의 리더십으로 만들어졌다. 사과의, 사과에 의한, 사과를 위한 파머스파티를 만들수 있었던 것은 이 녀석들이 우리에게 너무 자랑스러운 사과였기 때문이다. 한 명이라도 더 우리의 맛있는

* 파머스파티의 성공 요인이 무엇이냐 묻는다면
그건 당연히 농부 아저씨가 정직하게 재배한
맛있고 건강한 사과 때문이다.

사과를 맛보고 즐거워했으면 좋겠다고 생각했다. 사과에 대한 자신감이 있었고, 그렇기 때문에 모든 활동을 의심 없이 해나갈 수 있었다.

　　브랜딩을 하는 사람에게 브랜드에 대한 믿음은 필수적이다. 믿음이 확실한 브랜딩의 창고에는 즐거운 경험과 새로운 지식들이 계속해서 쌓여간다. 그리고 이 창고의 보물들은 브랜드가 지치거나 위기를 맞을 때마다 꺼내 쓸 수 있는 열정과 지혜를 처방해준다. 물론 우리 사무실 창고에도 언제나 파머스파티 사과와 사과즙이 꽉꽉 차 있었고 말이다.

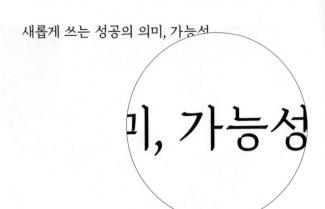

미, 가능성

내가 주장하는 브랜딩의 목표는 브랜드의 궁극적 성공이다. 이 말은 언뜻 너무 당연해 보이지만 실은 애매하고 조금 속임수가 있는 말이다. '궁극적 성공'이라고 하는 단어의 의미를 브랜드마다 다르게 정의할 수 있기 때문이다.

브랜드의 '성공'은 무엇이며 '궁극적'이라는 것은 누가 어떻게 평가할까. 브랜딩이라는 것을 일반적으로 개념화하기 힘든 것처럼 브랜드의 성공이라는 것도 사실 너무나 다양한 의미를 가지고 있다. 그렇기 때문에 '브랜드의 궁극적 성공'의 진짜 뜻을 잘 찾아내야 브랜딩의 성공 여부를 판단할 수 있다.

파머스파티 브랜드의 성공을 들여다보자면 무엇보다 농장 직거래를 통해 계속 농사를 짓고 싶다는 농부 아저씨 최초의 목표가 이루어졌다. 단골 고객을 꽤 확보했기에 실현 가능해진 농사의 지속성이다. 가공 시설을 빌려 사과즙을 생산하던 때도 있었는데, 어느덧 파머스파티만의 가공 공장을 사과 밭 한 켠에 멋지게 세우게 됐다.

일을 하는 동안 충분히 즐거워야 한다는 우리의 목표는 애초에 달성되었고, 더 이상 파머스파티 일을 하지 않는 지금까지도 자주 안부를 물으며 농장과 클라이언트 이상의 관계가 되었으니 생각지 못했던 기쁨도 갖게 되었다. 다양한 디자인 작업과 프로모션 활동을 신나게 쌓아갔으니 브랜딩 하는 직업인으로서 더할 나위 없이 좋은 포트폴리오가 되어준 것은 말할 것도 없다.

그리고 가장 중요한, 새로운 관점의 성공이 하나 더 있다. 바로 '가능성'이라는 성과다. 파머스파티가 격렬하게 브랜딩의 터널을 달리던 몇 년의 시간은 우리를 지켜보던 다양한 사람들에게 '아, 저렇게 해도 되겠구나'라는 생각을 심어주었다. 특히 파머스파티를 바라보며 걱정하고 훈수를 두던 사람들에게서 말이다.

이 일을 시작할 때만 해도 "안 될걸"이라던가 "그게

뭔데?"라는 소리를 꽤 들었는데 브랜드를 만들고 1년이 지나자 "나쁘지 않네"라는 평가가 들려왔고, 나중에는 "음, 나도 할 수 있으면 좋겠어"라는 반응으로까지 변해갔다. "어디 얼마나 오래가나 보자" 하는 관찰의 대상이었던 브랜드가 나중에는 이곳저곳에 성공 사례를 발표하고 다녔으니, 판타지에 빠져 나만의 세계를 만들던 브랜드는 아니었던 것이다.

농업진흥청이나 디자이너 토크 이벤트, TED 등 다양한 곳으로부터 강연 초청도 많아 브랜딩 이외의 일정이 꽤 빡빡했고, 대기업부터 작은 농가에 이르기까지 많은 곳에서 브랜딩 작업을 함께하자는 러브콜을 받았다. 유통 중간 단계의 거품을 없애고 소비자와 직접 품질과 브랜딩으로 승부하겠다고 나선 농장의 이야기로 대형 백화점의 초청을 받아 100평이 넘는 홀에서 몇 주간 파머스파티 전시를 열었을 때, 농부 아저씨가 묘한 기분이라며 기뻐하던 것이 기억난다. 중간 유통에 반기를 들어 시작한 일인데 오히려 그들에게 존중받고 초대까지 받았으니 말이다.

많이 경직되어 있다고 생각했던 세계로부터 받은 초청장은 "혹시 가능할지 모를 상상을 기반으로 차근차근 형태를 만들어온 브랜드가 씩씩하게 잘 자라 성장했구나" 하는 성과로 여겨졌다. 물음표의 가능성을 느낌표의 가능성으로 보여준 기특한 자식 같은 파머스파티다.

이후로 많은 농업, 디자인 업계에서 농가의 직거래 브랜딩을 긍정적으로 검토했고, 발 빠른 농부들은 주변의 디자이너를 수소문해 자신만의 브랜드를 만들어가기 시작했다. 디자이너들도 디자인 영역에 '농산물'이라는 대상을 포함하고 흥미를 보이기 시작했다.

디자인계의 큰 연례행사인 서울 디자인 페스티벌은 2012년의 전시 테마를 '농사와 디자인'로 정해 파머스파티를 브랜드관으로 초청했다. 파머스파티는 당시 우리나라에서 벌어지고 있는 농산물 브랜딩의 대표 사례가 되어 디자이너들의 레퍼런스로 쓰이기 시작했고, 전시와 더불어 진행한 판매 행사 역시 성공적이었다.

파머스파티의 돌진에 힘입어 세상에 등판하게 된 수많은 멋진 농가가 점점 더 고객들의 눈에 띄고 직거래가 이어지자, 우리 사회도 서서히 이러한 유통과 브랜딩 방식에 관심을 갖기 시작했다. 자연스럽게 '좋은 농산물'이나 '좋은 유통'과 같은 테마가 화두가 되었다. 신생 스타트업 기업들이 투자를 받아 농가를 살리는 새로운 플랫폼을 만들고 배송 물류 시스템을 구축하기 시작했다. 결국은 대형 유통업체와 대기업도 농가 직거래라는 주제를 가져다 쓰며 계약 농가 육성 등의 방안을 마케팅에 활용하기에 이르렀다.

파머스파티의 디자인, 광고 문구, 스토리텔링 기법 등 브랜딩 방법을 다른 업체가 표절했다는 단골 고객의 제보가 연일 이어지기도 했다. 도를 넘은 업체는 고발해야 하나 고민했지만, 그냥 내버려두자는 농부 아저씨의 결정으로 조용히 마무리되기도 했다. 유명한 대기업의 매장 POP나 각종 홍

* 프로모션을 위해 3절기마다 만들었던 파머스파티 매거진.

* (위) 2011년 롯데백화점 일산점 롯데갤러리
  초청전 〈파머스파티 - 농부의 꿈, 디자이너의
  실천〉 전시 모습.
* (아래) 2012년 서교예술실험센터에서 열린
  디자이너와 뮤지션의 음식 창작 프로젝트
  〈마우스풀〉 전시 모습.

보물에서 내가 썼던 홍보 카피가 그대로 쓰인 걸 발견했을 땐 조금 웃기기도 했지만, 결국 우리가 최초에 의도했던 것, 즉 '좋은 것을 사람들이 제대로 알아보고 구매로 이어지기를 바라는' 마음이 폭넓게 확산된 것을 확인할 수 있어 흐뭇하고 뿌듯한 마음이 컸다. "이 모든 변화는 파머스파티가 만들어 냈습니다!"라고 외치고 싶은 심정이 굴뚝같다. 팔불출의 심정이다.

벌어져야 할 일은 결국 벌어지게 마련이고, 새로운 변화가 만들어지는 데에는 그때까지 꾸준히 준비되어온 과정이 있다는 것을 잘 알고 있다. 적당한 때에 적당한 분위기로 달아오르게 되는 것이다.

한 농부의 진심 어린 욕망에 귀 기울이고 서둘러 준비한 우리의 작업을 가능성 있는 변화의 형태로 세상에 내보낼 수 있어 감사하다. 지금의 농산물 브랜딩 시장이 만들어지게 된 데 파머스파티가 작고 강한 촉매제의 역할을 했다. 그리고 이 일을 신나게 해낸 우리도 "방아쇠를 당겼습니다!" 정도는 외칠 수 있을 것 같다.

성공의 의미를 수익률, 가성비, 사업 확장력 같은 숫자와 규모로 정의하던 지루한 시대가 서서히 지고 있다. 새로운 시대의 성공은 그동안 우리가 잊고 지낸 지구적 가치를 얼마나 포용하느냐에 따라 그 여부가 결정될 것이다. 영리 사업의 테두리 안에서 어떤 가치와 관계를 만들어 성장하는지에 따라 앞으로의 사업적 평가가 달라질 것이다. 그리고 이 평가는 지속적인 부를 유지하는 조건이 될 것이다. 이 효과를 우리는 '소셜임팩트 Social Impact'라고 부른다.

파머스파티는 개인적으로도 대외적으로도 궁극적인 성공의 의미를 써내려갔다. 이 첫 번째 성공이 잘 자라 앞으로 어떤 모습이 되어갈지는 아무도 모른다. 어떤 의미의 성공으로 성숙해갈지, 어떻게 그것을 정의할지 궁금하다.

최근 파머스파티는 새로운 행보를 결심하고, 이를 위해 조금은 긴 호흡의 변화를 차근히 준비하고 있다. 아슬아슬한 마음도 있지만 역시 파머스파티의 고집에 배팅을 하고 싶다. '농업 브랜딩 판'에 뛰어든 수많은 농장과 디자이너들이 펼쳐낼 더 다양하고, 더 깊이 있고, 더 넓은 범위의 새로운 그림 안에서 앞으로도 파머스파티가 잘 살아남기를 바란다.

3부

지키기,　　　　살려내기,　　　　같이 살기 ——

유기농 목장 카페
우유부단

마을을 살리는 목장

제주의 서쪽 한림읍, 중산간 금악리에 '성이시돌'이라는 이름
의 목장이 있다. 이름이 조금 독특하다 싶어 찾아보면 가톨릭
농부 성인인 '이시도르Isidor'의 이름을 따서 만든 성당 소유
의 목장임을 알 수 있다. 자동차로 달리고 또 달려도 이게 다
성이시돌 목장이라고 하니, 무슨 성당 목장이 이렇게 넓을까
수상쩍어 좀 더 이곳의 배경에 대해 알고 싶어진다.

성이시돌 목장에는 멋진 신부님이 주인공인 영화 같은 이야기가 있다. 한국전쟁이 끝나고 선교를 위해 제주로 파견된 아일랜드의 패트릭 J. 맥그린치Patrick James McGlinchey(한국 이름 임피제) 신부님의 이야기다.

1950년대 초, 임피제 신부님이 종교적 신념으로 도착한 머나먼 한국의 제주라는 섬은 경제 재건이 시급한 곳이었다. 마침 이런 때 금악리에 도착한 신부님은 꽤 재치와 에너지가 넘치는 분이셨던 것 같다. 기도를 통한 구원이 아닌 노동을 통한 구원으로 바로 태세를 전환하신 것이다.

그는 곧바로 제주의 현실을 단단하게 건설하기 위한 산업 활동을 마을 사람들과 함께 실천해나갔다. 성이시돌 목장은 그렇게 만들어졌다. 마을을 살리고 사람을 구하기 위해 노동을 통해 기도를 실천해오신 맥그린치 신부님은 2018년 봄, 90세의 나이로 제주에서 생을 마감하셨다.

갑자기 웬 감동 스토리냐 하겠으나, 이것이 바로 '우유부단' 프로젝트가 만들어지게 된 계기다. 프로젝트를 시작하며 차근차근 소개받은 이야기를 간단하게 적어보았다. 일을 시작하기에 앞서 당시 실제로 벌어졌던 에피소드는 물론이고 맥그린치 신부님과 마을 사람들이 함께 담긴 동영상과 사진도 잔뜩 구경했는데, 이 과정을 충분히 이해하고 목장의 분위기를 직접 느껴야만 프로젝트의 실무로 넘어갈 수가 있기 때문이다.

성이시돌 목장은 성당의 단순한 부동산이 아니다. 이

곳은 금악리 사람들의 삶의 터전이다. 이 땅을 기반으로 신부님과 마을 사람들이 하루하루를 함께 일궈나갔고, 그 매일이 모여 오늘의 제주가 만들어질 수 있었다. 그 유명한 제주의 명물 흑돼지도 바로 신부님의 필살기 중의 하나였다고 하니 말이다.

이런 든든한 역사를 가지고 있는 곳이지만 뜻과 현실이 어긋날 때도 있었으니, 목장 경영에 고민이 생긴 지 꽤 되었다고 한다. 성당에서는 이 문제를 신중하게 고민해오던 중 오랫동안 신뢰 관계를 쌓아온 사회적 기업 '섬이다'의 대표님과 이에 대해 상의 하게 된다.

목장이 영리 활동을 계속해야 하는 이유는 성당의 비영리 활동을 앞으로도 꾸준히 유지하기 위해서다. 성이시돌재단은 목장이라는 영리 시설과 함께 제주의 저소득층을 위한 병원과 호스피스 전문 시설을 비영리로 운영하고 있다. 그 때문에 목장의 이윤이 안정적으로 확보되지 않으면 병원과 호스피스 운영까지 힘들어지는 상황이었다.

성당의 가치관과 시스템을 누구보다도 잘 이해하고 있던 섬이다 대표님은 팔을 걷어붙였다. 곧바로 성이시돌 목장과 컨소시엄을 맺어 프로젝트를 만들었는데, 그 첫 기획이 성이시돌 목장의 자원을 바탕으로 비즈니스 자립 모델을 만들어 운영하는 것, 즉 유기농 우유 소비를 촉진시키는 브랜드 공간을 런칭하는 프로젝트였다.

나는 마침 제주에서 다른 프로젝트를 끝내고 쉬고

있던 참이었는데, 아는 분이 나를 이 프로젝트에 연결해주었다. 전화와 메일로 이런저런 기본적인 프로젝트 설명을 들은 나는 바로 제주로 날아가 미팅을 진행했다. 프로젝트의 모든 면이 너무나 매력적이어서 1초의 망설임도 없이 우유부단 프로젝트의 배에 올라탔다.

일을 핑계 삼아 한동안 목장 시설에 묵은 적이 있다. 이번 일은 지금까지 해온 프로젝트와는 많이 다르겠다는 생각이 직감적으로 들었기 때문이다. 재단의 실무를 맡고 계신 실장님과 이런저런 대화를 나누고, 성당 곳곳에서 일하고 계신 분들에게도 말을 걸어보며 목장을 더 잘 느끼고 싶었다. 어쩌다 이방인이 흘러들어와 훈수를 둔다는 인상을 주고 싶지 않았다. 무엇보다 나 자신에게도 내부자와 같이 적극적으로 일한다는 인사이더의 마음을 확실하게 심어주고 싶었다. 이 프로젝트의 오너는 오랫동안 신부님과 함께 역사를 꾸리고 아직도 목장을 중심으로 살아가고 있는 마을 사람들인 것 같아 조금이라도 그분들의 파이팅에 가까이 닿아 있고 싶었다. 모두를 위해 지켜온 목장의 자원을 활용하는 중요한 프로젝트이기에 더더욱 내부인이 되어 일하고 싶었다.

성이시돌 목장의 유기농 우유를 알리고 소비를 촉진하기 위한 우유부단 프로젝트는 2015년 준비 과정을 거쳐 2016년에 런칭했다. 나는 이 기간 동안 우유부단의 브랜딩 작업을 진행하였으며, F&B 분야의 전문가들과 함께 메뉴 개발 및 컨설팅 업무에 추가적으로 참여하였다.

ST. ISIDORE MILK CAFE

브랜딩이 구사하는 적정 기술,
'딱 그만큼'의 모든 것

적정기술

모든 프로젝트에는 조건이 붙는다. 한계나 제약과 같은 의미로 다가오는 '조건'이라는 단어는 우리를 늘 긴장하게 만든다. 하지만 브랜딩 작업에서 조건이란, 오히려 브랜드가 균형을 이룰 수 있도록 지표를 제공해주는 고마운 요소다. 작업 중인 브랜드에 내가 생각한 모든 브랜딩 욕망을 채우고 싶은 욕심이 들 때 "잠깐, 우리는 여기까지잖아"라는 선을 그어주는 똑똑한 역할을 해주니 말이다.

우유부단의 첫 번째 조건은 모든 상품이 성이시돌 목장의 유기농 우유와 제주 로컬푸드를 원료로 사용해야 한다는 것이었다. 이 조건은 우리에게 호락호락 레시피를 내주지 않았고 개발 속도를 더디게 만들었다. 성이시돌 유기농 우유만의 독특한 맛과 질감을 다룰 수 있을 때까지 시간을 들여야만 했다. 까다로운 조건은 일에 대한 도전 정신을 불러일으켰고, 그렇게 누구도 쉽게 따라 하지 못하는 우유부단만의 브랜드 희소성이 하나하나 만들어졌다.

두 번째 조건은 상업용 건축 대지의 법적 조건에 따라 목장 부지 내 카페의 규모를 최소한으로 지어야 한다는 것이었다. 공간이 한정되다 보니, 작은 공간 안에서 카페의 모든 운영이 가능하도록 보다 섬세한 설계가 필요했다. 주방 안에 넣을 수 있는 조리기기가 제한되니 다양한 메뉴를 제공하지 못한다는 조건이 저절로 하나 더 붙게 되었다.

이런 조건은 우유부단으로 하여금 자연스레 우유에 더욱 집중하는 메뉴를 구성하도록 만들었다. 수많은 좋은 것들을 펼쳐놓는 것이 아닌 이곳에서만 가능한 우리만의 소수 정예 메뉴를 정성껏 구상할 수 있게 된 것이다. 그 덕분에 콘텐츠가 단순하고 명확해졌다.

적정기술Appropriate Technology이라는 개념이 있다. 말 그대로 '적정한 기술'을 가리키는 말이다. 주어진 환경 조건에 가장 적합한 재료를 사용해 솔루션을 쉽게 구현할 수 있어야 하고, 환경에 미치는 영향이 적으며, 유지 관리가 쉬워야

• 유기농 우유로 만든 우유부단의 아이스크림.

• (위, 아래) 우유부단 카페 내부와 메뉴.
  공간이 작다 보니 최소한의 조리기기만 들여올 수 있어
  자연스럽게 우유에 집중하는 메뉴로만 구성했다.

한다는 특징이 있다. 아울러 대규모의 자원이나 기술로부터 독립하여 스스로의 힘으로 작은 규모에서 살아갈 수 있도록 해준다. 하지만 빨랫줄이 해왔던 일을 건조기라는 거대한 기계가 대체해버린 것만 봐도, 산업과 자본의 규모를 극대화하기 위해 우리가 얼마나 단순한 일을 복잡하게 만들고 있는지 쉽게 알 수 있다.

제약 없는 기술 개발로 인해 날로 세상이 복잡하고 비좁아지고 있는 지금, 우리에게 당장 필요한 것은 조건, 한계, 제약이다. 무엇에 집중해야 하는지 다시 한 번 선명하게 인식하기 위해 삶에도 적정기술의 세계관을 도입해야 한다.

우유부단이 브랜드를 형성해가는 과정에 동참하면서 나는 브랜딩에도 적정기술이라는 말을 사용할 수 있겠다는 생각이 들었다. 이 프로젝트는 처음부터 "난 이곳에서 태어났고 여기서 계속 살아갈 거야. 그게 나야"라는 말을 확실하게 해주었다. 그리고 그 지점에서부터 모든 시작을 만들어 나가자고, 지금 우리가 가지고 있는 딱 이만큼의 자원으로 한번 잘 해보자고 제안했다. 딱 자신의 행동 반경만큼의 성공을 지향해보자고 했다.

우유부단이 제주에 자리를 잡고 유명세를 타자 서울에서 러브콜이 오기 시작했다. 나조차도 대표님과 연락을 주고받을 때면 "언제 서울 올라오실 거예요" 하며 실없는 안부를 물었을 정도니, 많은 사람들이 '우유부단의 다음 단계는 당연히 내륙 지점 확장이겠지'라고 생각하는 게 당연했다. 지점을 내기만 하면 큰 성공을 거둘 것이라고 모두가 기대했다. 대표님도 이 부분을 두고 한참을 고심하셨다. 그리고 오랜 고민 끝에 그가 꺼낸 카드는 '우유부단은 제주에만'이었다. 우유부단만의 적정기술을 지켜가겠다는 결론이다.

유기농 우유는 재료의 특성상 일반 우유에 비해 보관에 적합한 온도 범위가 제한적이라 관리 조건이 까다롭다. 그 때문에 우유의 신선도를 유지하기 위해 드는 유통 및 물류 비용이 만만치 않다. 게다가 우유부단의 모든 메뉴는 제주의 로컬푸드를 기본으로 레시피를 갖추고 있어 만약 서울 진출을 계획한다면 많은 재료가 제주로부터 공급되어야 한다. 애초에 브랜드를 만들 때 부여한 정체성이 브랜드의 모든 성장 단계에 계속 적용되어야 하기 때문이다.

우유부단이 육지 진출을 위해 필요한 조건을 충족하려면 꽤 많은 투자가 필요하다. 투자란 지금보다 더 많은 사람들의 욕망을 끌어들이게 마련이다. 의사 결정 과정에 더 많은 의견이 개입되고 결국 복잡한 미래가 그려질 수밖에 없다.

우리는 너무나 당연하게 '성장은 곧 스케일업Scale-Up(기업이 질적양적으로 규모를 확대하며 설장하는 시기)'이라고 생각해버리곤 한다. 규모의 경제 논리에 익숙하기 때문이다. 더 크고 더 넓고 더 다양한 범위의 투자는 그에 상응하는 높은 이윤을 만들어주게 마련이니, 투자 대비 이윤의 계산기를 두드려 호기롭게 배팅을 하는 것이 성공이라고 생각한다. '사업 런칭-스케일 업-엑시트Exit(투자금을 회수하고 재창업과 재

* 카페 우유부단의 전경.

투자로 연결되는 시기)'라는 시나리오를 누가 더 화려하게 구성하느냐가 많은 사람들의 관심사다.

하지만 잠깐, 비즈니스의 성장 방식과 의미는 매우 다양하며, 우리가 얼마든지 선택할 수 있는 대상이라는 점을 잊지 말자. 브랜드에 가장 적합한 성장의 모습이 무엇일지, 브랜딩을 해나가며 진지하게 검토할 필요가 있다.

브랜딩의 적정기술이란, 브랜드에 주어진 자원을 최대한으로 활용하여 핵심 문제를 해결하고 지속 가능한 성장에 필요한 만큼의 수익을 회수하는 방법이라고 정의 내릴 수 있다. 쉽게 말하자면, '적당히 하는 것'이다. 건강하게 오래가는 브랜드를 만들고 지키기 위해 적당한 지점을 찾아내는 것이다. 그리고 이를 위해 명확한 조건, 합리적 목표 그리고 지속 가능성이라는 세 가지 키워드를 제시하고 싶다. 이 세 가지 키워드가 당신의 브랜딩을 이끌어줄 가장 '적당한' 지도를 그려줄 것이다. 그리고 이러한 브랜딩 적정기술의 멘토로 우유부단을 추천한다. 제한된 자원으로 더 많은 경쟁을 해야 하는 이 시대에 이만큼 지혜로운 브랜딩 방법론을 가진 브랜드도 없다.

변경되고

우유부단 프로젝트에는 공공연한 비하인드 스토리가 하나 있다. 목장의 현장 상황을 조율하다 보니 계획보다 프로젝트 런칭 시기가 1년 정도 늦춰진 것이 바로 그것이다. 클라이언트는 나에게 이 소식을 알리면서, 그만둬도 충분히 이해하고 보상을 하겠으니 잘 생각해 결정해 달라고 했다. 실제로 그 시점에 계약을 마무리한 작업자도 있었다.

　　하지만 나는 내심 마음이 놓였다. 당시 내게 주어진 디자인 총 작업 기간은 대략 반년 정도였다. 그런데 어쩌다 나에게 1년의 시간이 더 주어진 것이다. 여유를 가지고 충분히 브랜딩에 대해 고민할 시간이 생겨 안심이 되었다. 오히려 이번 일, 예감이 좋다는 생각마저 들었다.

왜인지 모르겠지만 디자인 작업을 발주하는 대부분의 클라이언트들은 마음도 일정도 참 급하다. 때때로 클라이언트에게 "이렇게 해주세요"라며 인터넷에서 검색한 이미지 몇 장을 전달받을 때가 있다. 그러고는 "제가 이렇게 시간을 단축시켜드렸으니 이제 빨리 작업할 수 있겠죠"라며 최대한 빨리 결과물을 볼 수 있는 시간을 알려달라고 한다. 최근에는 인공지능을 이용해 브랜드 로고를 만들어주는 자판기 같은 프로그램까지 생겼다. 몇 가지 정해진 포맷에 약간의 수정만 더해서 아주 저렴한 가격에 디자인을 생산하는 알고리즘이다.

이러한 상황일수록 클라이언트의 브랜드가 정말 마음에 든다면, 브랜딩에 소요되는 업무 기간에 대해 제대로 검토해볼 일이다. 디자인은, 특히 브랜딩에 있어서의 디자인은 절대적인 시간을 필요로 한다. 작업 시간과는 별도로 숙성 기간이 따로 필요하다. 잠깐 쓰고 폐기할 디자인이 아니라면 말이다. 작업 직후의 로고가 주는 인상과 다음 날의 인상, 2주 뒤의 인상과 한 달 뒤의 인상은 모두 다르다. 그리고 작업자와 클라이언트 모두가 이 변화를 느낄 때 비로소 완성도 높은 결과물이 도출된다.

오랜 경험으로 작업물이 뿜어낼 미래의 완성도를 꿰뚫어볼 내공이 있다면 좋겠지만 우리는 대부분 그 정도의 슈퍼 파워를 장전하고 있지는 않다. 시각적 훈련이 완벽하게 되어 있는 클라이언트를 만나는 것은 기적 같은 일이라고 생각한다. 모든 것을 꿰뚫는 안목을 가진 천재 디자이너라고 스스로 생각하는 것도 쉬운 일은 아니다.

우연히 얻어진 보물 같은 1년의 유예 기간 동안 우유부단의 브랜딩은 충분히 묵혀질 수 있었다. 지금 생각하면 얼마나 감사한 일인지 모른다. 계약 기간 연장 덕분에 더 많은 아이디어를 낼 수 있었고, 충분히 들여다볼 수 있었으며 프로젝트에 대한 애정이 깊어질 수 있었다.

작업 도중 계약서의 내용이 어그러진다고 한들 너무 놀라고 당황하지 말았으면 한다. 그 내용이 브랜드에 대한 당신의 믿음을 무너뜨리는 것이 아니라면 말이다. 어쩔 수 없는 사건이고 내가 충분히 조율할 수 있는 조건이라면 차분하게 검토할 수 있다. 오히려 전화위복이 될 수도 있으니 말이다.

변경 사항 없는 계약은, 내 경험상 거의 없었다. 계약 기간이 갑자기 늘어나거나 줄어들고, 항목이 늘어나거나 금액이 줄어들 것이라는 연락을 받으면 순간 불끈하는 것도 물론 사실이다. 하지만 차근차근 잘 들어보자. 시간을 들여 이 상황을 더 좋게 만들 수 있는 방법이 있는지 떠올려보자. 좋은 결정이 필요로 하는 것은 감정보다는 전체적인 계획을 판단하는 감각이다.

사회적 기업

성이시돌 목장과 함께 '우유부단'을 만든 주식회사 '섬이다'는 제주도의 사회적 기업이다. 사회적 기업은 기업의 이익뿐만 아니라 사회적 문제 해결을 목적으로 하는 집단이다. 미션이 확실하고 사명감이 높은 사회적 기업의 직원들은 회사 내 직원 간의 유대 관계가 끈끈하고 파트너사, 동종업계 네트워크와의 관계도 단단해 협력과 보완의 시스템이 자연스럽게 형성된다는 강점을 가진다.

브랜드를 성공시키기 위해서는 무엇보다 브랜드의 팬 혹은 충성 고객을 강력하게 구축해야 한다는 이야기를 많이 들어보았을 것이다. 팬이란 무슨 일이 있더라도 대상을 믿고 지지해주며 열정적인 홍보를 자처하는, 한마디로 아낌없는 사랑을 보내주는 존재이기에 나의 브랜드에 팬이 존재한다는 것은 천군만마를 얻었다는 말과 같다.

충성한다는 말은 심지어 자발적으로 종속되기를 원한다는 뉘앙스마저 풍긴다. 그리고 흥미롭게도 사회적 기업의 경우 이런 '팬심'으로 접근하는 고객 혹은 입사 지원자가 꽤 많다. 좋은 일을 하는데 게다가 일을 잘하기까지 하면 어느덧 팬클럽이 만들어져 아낌없는 응원과 지지를 보내준다. 신상품이 출시되면 구매율을 확보해주고 펀딩 목표도 확실하게 달성해주니, 팬들은 기업과 브랜드에 정말 고마운 아군이다.

그러나 나는 기업이나 브랜드의 팬덤 조성에 대해 조심스럽게 접근했으면 한다. 응원에 기대 살아가려는 기업과 브랜드는 시간이 가면서 점차 힘이 약해진다. 달콤함에 빠져 물렁해져버린다. 그러니 조금 매몰차게 말하자면, 팬들을 100퍼센트 믿어서는 안 된다. 사회적 기업이라는 자격이 만들어준 관심과 네트워크를 믿고 브랜딩의 긴장을 놓쳐서는 안 된다. 사랑으로 가득찬 팬보다는 똑똑하고 합리적인 고객들과 정당하게 관계를 맺어야 한다.

우유부단 프로젝트를 함께하며 가장 든든했던 점 중 하나는 섬이다 직원들 각자의 확고한 주인 의식과 자신감 있는 플레이였다. 자신이 맡은 영역 내에서는 대표와도 거리낌 없이 토론을 불사하고 분명하게 의견을 표명하는 분위기는 다른 어떤 기업에서도 찾아보기 힘든 강점이었다. 좋은 일을 한다는 사실에 취해 착한 양의 얼굴로 도우미 역할만 하는 다른 사회적 기업의 직원들과도 확연히 다른 모습이었다. 그리고 이러한 감정이 우유부단으로 하여금 현실적인 경쟁력을 갖게 해주었다.

사회적인 이슈를 다룬다는 기업 특성에 기반한 배려심과 진지함은 사회적 기업에 종사하는 사람들의 기본 소양이다. 하지만 브랜드의 성장에 관해서라면 언제든 예리하게 의견을 주고받을 준비 또한 브랜드를 다루는 사람으로서 갖추어야 할 기본 능력이다.

요즘 새롭게 등장하는 브랜딩의 영역으로 '내부 브랜딩Internal Branding'이라는 것이 있다. 회사의 규모가 점점 커지고 직원들이 회사의 가치관에 얼마나 공감하는지 확인하기가 어려워지면서 생겨난 분야다. 기업의 새로운 브랜드가 런칭할 즈음 내부 직원들을 대상으로 해당 브랜드에 대해 교육하고 공감시키는 작업을 할 때 자주 사용되기도 하다. 브랜딩 발신에서 가장 중요한 역할을 하는 사람들은 바로 직원이라는 인식에서 생겨난 영역이다.

사회적 기업이 좀 더 신경 써야 할 브랜딩의 영역이 있다면 바로 이 내부 브랜딩이다. 사회적 기업은 상품과 서비스에 사회적 가치를 더해서 이를 판매한다. 따라서 브랜드가 존재해야 하는 당위성을 합리적으로 설득하고 정확하게 설명할 수 있는 직원이 필수적이다. 직원들이 프로젝트에 주도권과 책임감을 가지고 적극적으로 임할 수 있도록 하는 것이 사회적 기업 브랜딩의 최대 과제다. 누구보다 기업의 내부 상황을 잘 알고 있는 직원들의 마음을 얻지 못한다면 외부를 향해 아무리 브랜딩을 잘한다 한들 오래 지속될 수 없다. 회의를 하다 내부 직원이 한 명이라도 납득할 수 없는 표정을 짓는다면, 잠깐 멈춰서 점검을 해봐야 한다.

사회적 기업의 브랜딩이라고 해서 결코 다른 기업의 브랜딩과 달라서는 안 된다. 사회적 기업이라서 쉽게 취할 수 있는 팬덤을 섣불리 장전해서는 안 된다. "이런 좋은 콘텐츠가 있으니 어서 저를 사랑해주세요"라고 나른하게 외치지 말았으면 한다. 다정한 팬들을 거부할 이유야 없겠으나 그들의 다정함에만 의지하지 않기를 바란다. 다른 여느 기업들과 마찬가지로 우수한 상품, 현명한 서비스 그리고 이 모든 것들이 사회에 미치는 선순환 효과를 정확하게 설명하고 그것을 충분히 이해시키면서 거품 없는 소비를 주도하는 똑똑한 고객들과 손잡기를 바란다.

나누어야 흥하는 세일즈

나누어야

사회적인 가치를 구현하기 위해 평생을 살아온 맥그린치 신부님의 뜻이 지금의 성이시돌 목장과 '우유부단'이라는 프로젝트를 이끌어냈다는 이야기는 이 프로젝트를 설명할 때 빠지지 않는 내용이다. 더불어 성이시돌 목장과 함께 아이디어를 구상해낸 사회적 기업 섬이다의 가치 지향성에 대한 이야기를 꺼내기 시작하면 우유부단에 대한 인터뷰 정도는 거뜬히 해낼 수 있다. 그런데 과연 이런 '스토리'를 알고 우유부단을 찾는 고객이 얼마나 될까?

우유부단의 매력은 첫째도 둘째도 '인스타그래머블 Instagramable(인스타그램에 올릴 만한)'이다. 결과적으로 말이다. 우유부단 카페는 제주 여행에서 인생 샷을 건질 수 있는 인스타 맛집으로 유명하다. 디자인된 브랜드가 주는 쾌적함, 맛있는 메뉴와 재치 있는 공간은 포스팅의 좋은 피사체가 되고, 푸른 목장과 여유로운 말의 움직임, 멀리 보이는 오름과 끝없는 하늘이 이들을 서포트해주는 아름다운 풍경 맛집이다.

물론 목장을 이용해 비지니스를 하는 곳은 많다. 더 다양한 메뉴, 더 다양한 활동을 즐길 수 있는 테마파크 같은 곳은 조금만 검색해도 쏟아져 나온다. 오히려 우유부단에는 그런 다양한 비지니스가 없다. 풍경과 동물을 이용해 돈을 버는 입장료 장사를 하지 않는다. 성수기를 겨냥해 영업시간을 연장하지도 않는다. 작은 카페와 귀여운 벤치, 적당한 규모의 주차장만 겨우 준비해두었을 뿐이다. 그리고 이런 우유부단의 풍경에는 근본적으로 격이 다른 차별점이 있다는 것을 알아주었으면 좋겠다.

성이시돌 목장은 엄연한 사유지다. 이 광대한 목장 부지는 제주에 평생을 바친 신부님이 제주를 위한 영리 활동을 비영리적인 태도로 임하며 일궈낸 사유재산이다. 우유부단이 생기기 전부터 많은 인기를 얻어 제주 웨딩 촬영의 필수 코스가 된 '나홀로나무' 부지 또한 성이시돌 재단의 사유지에 해당한다.

언젠가부터 이 나무가 인기를 얻기 시작하고 사람들

이 부지 여기저기를 마음대로 들락거리면서 목장에 이슈가 생기기 시작했다고 한다. 사람이 많이 몰리다 보니 불법 주차가 늘어나고 쓰레기가 쌓여 성당 측은 이곳에 울타리를 치고 출입을 금지해야 하나 고민했다고 한다. 하지만 성당은 출입 금지 표지판을 설치하는 대신 오히려 나무가 있는 곳까지 안전하게 걸어갈 수 있도록 작은 물길에 발판을 놔주었다.

우유부단의 '인스타그래머블'의 비결은 아름다운 풍경을 나누려는 '목장의 마음'이다. 이곳을 방문하는 모든 사람들을 향해 성이시돌 목장의 아늑한 자연을 부담 없이 편하게 즐길 수 있도록 '우유부단'이라는 발판을 놓은 것이다. 사람들이 목장에 접근하기 쉽도록 하고, 가까워진 관계를 통해 발생하는 수익이 다시 제주에서 어렵게 살아가는 사람들에게 나누어질 수 있도록 다리를 놓은 것이다. 숨겨져 있던 종교 성지의 빗장을 조용히 열어둔 데에는 깊고 큰 의미가 담겨 있다.

애초에 우유부단 프로젝트의 목적은 성이시돌 재단의 비영리 활동을 지원해줄 수 있는 수익 사업을 만드는 것이었다. 마을과 목장이 시작했던 자리에서 원래 가지고 있던 자원을 활용하여 이윤을 만들고, 그 이윤이 다시 이를 필요로 하는 사람들에게 돌아가 그들의 삶이 존중받을 수 있도록 나누는 순환, 그것이 우유부단의 목표다. 매해 우유부단의 수익금은 성이시돌 재단에 일정액 기부되고 나머지는 카페의 운영에 사용된다. 그 외의 더 큰 이윤을 남기기 위해 무리한 힘을 쏟지 않는다. 매년 기부를 할 수 있고, 정상적으로 운영을 할 수 있다면 그것으로 그만이다.

우유부단의 핵심은 '지속 가능한 세일즈'에 있다. 그리고 이 세일즈의 원동력은 '좋은 것을 나누는 행위'에서 발생한다. 엄청나게 방대한 초지 중 일부를 팔기만 해도 쉽게 얻을 수 있는 자본이지만 그런 방법으로는 지속 가능하지 않다고 판단했고, 그 결정이 바로 우유부단의 탄생을 만들어냈다.

나는 처음부터 끝까지 이렇게나 성공의 범위와 운영의 기준이 명확한 브랜드를 본 적이 없다. 얼마만큼의 돈이 필요하고 어떤 방식으로 살아가야 하는지를 분명하게 정해둔, 이렇게나 똘똘한 브랜드를 본 적이 없다. 수많은 선택지를 손에 가지고 있지만, 누구나 이야기하는 '대박' 아이템이 아닌 '나눔을 통해 꾀하는 흥행'과 '적당히 만들고 꾸준히 완판시켜 만들어내는 지속 가능한 성공'에 방점을 찍을 줄 아는 이들의 지혜는 우리 모두에게 필요한 삶의 방식이다.

4부　　　연결만 잘 된다면 ─────

이니스프리   제주하우스   삼청점

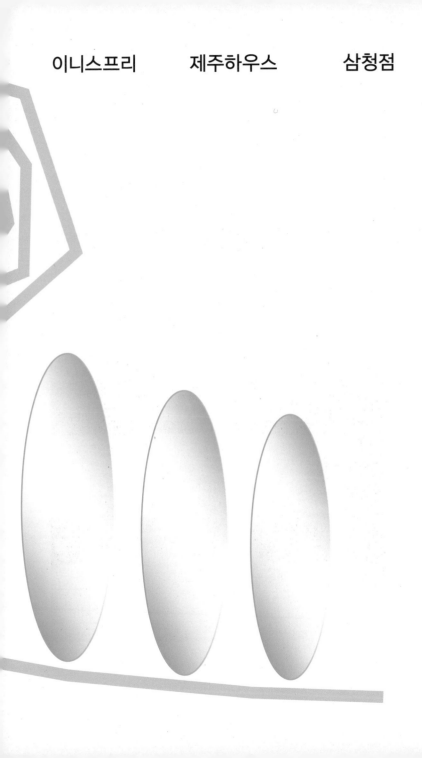

가장 보편적인 아름다움의 발신

보편적인

대한민국은 정말 작은 나라다. 본의 아니게 대륙과의 연결도 끊겨 섬 아닌 섬나라가 되었다. 정치적으로나 경제적으로나 핸디캡이 많다. 그런데 이렇게 작은 나라가 언제부터인가 조금씩 유명해지게 되었으니, 이제는 여행을 가서 "I'm from South Korea"라고 말하면 반갑게 한국어로 "안녕하세요" 하고 대답해주는 현지인이 꽤 있을 정도다. 어리둥절하면서도 기분이 좋고, 신기하면서도 자신감이 생긴다.

한국의 유명세를 만드는 데 가장 큰 역할을 한 것은 역시 'K-POP'과 'K-DRAMA'다. 음식과 교육 시스템에 대한 관심 역시 뜨겁다. 그리고 또 하나, 외국 친구들이 질문을 정말 많이 하고 가끔 구매 대행까지 부탁하는 분야가 있으니, 바로 'K-Beauty(이하 'K-뷰티')'다. 나보다 더 한국 화장품 브랜드의 특징을 잘 짚어서 설명해주는 친구들의 이야기를 듣고 있자면 정말 놀라울 뿐이다.

'이게 그렇게 특별하다고?'

2000년 아모레퍼시픽 그룹사 산하에 브랜드를 런칭하고 2010년에 독립 법인으로 출범한 이니스프리는, 브랜드 탄생 20주년인 2020년 현재 국내 소비자의 탄탄한 피드백을 바탕으로 전 세계 총 700여 개에 육박하는 매장을 오픈했다. 명실공히 K-Beauty의 선두 주자가 되었다고 해도 과언이 아니다.

밀레니얼 세대인 딸의 손에 이끌려 이니스프리 매장을 찾았다가 함께 제품을 사용하게 되었다는 미국 어머니의 인터뷰가 담긴 기사는, 이 브랜드가 얼마나 정확한 타이밍에 정확한 타깃을 대상으로 세계적인 세일즈를 펼치고 있는지 단적으로 알려주고 있다.

나는 2013년 4월부터 2014년 3월까지 1년 동안 이니스프리 제주하우스의 서울 버전인 이니스프리 삼청점을 오픈하는 프로젝트에 합류해 일했다. 프로젝트 TF팀의 일원으로서 회사 내부 직원과 동일한 근무 조건으로 업무를 진행했고, 크리에이티브 디렉터의 명함을 받아 전체적인 콘셉트 작업 및 각종 디자인 영역에 대한 공동 점검, F&B 영역에 대한 디렉팅 업무를 맡았다.

2013년은 이니스프리가 도약하는 중요한 해였다. 그 전까지 준비하고 검증해온 탄탄한 실력을 기반으로 제품 개발과 마케팅, 영업의 모든 분야에서 눈에 띄는 실적을 보이며 앞으로 나아갈 태세를 확실하게 갖춘 시기였다. 타 로드숍 브랜드와도 확실한 차별성을 드러내기 시작했으며, 바로 이전 해인 2012년 중국으로 첫 진출을 시작하며 세계 시장에 공격적으로 나아가기 시작한 때이기도 하다.

하나의 기업 브랜드가 진격하기 시작하는 시기에 중요한 프로젝트를 수행한다는 것은 브랜딩을 하는 직업인으로서 큰 자산을 갖게 되는 것과 같다. 성공적인 성장 과정을 가장 가까운 곳에서 경험할 수 있기 때문이다.

이니스프리는 제주의 천연 원료를 활용한 제품을 기반으로 자연을 담은 건강한 아름다움을 표방하며 꾸준히 성장했다. 이들이 구축해온 순하고 탄탄한 스킨케어 라인과 투명하고 청량한 메이크업 라인은 어느새 K-뷰티의 전략이 되었고, 자연스러움과 합리성, 높은 품질을 기반으로 성장한 이니스프리의 브랜딩 방식 역시 K-뷰티의 성장 비결이 되었다.

이니스프리가 내세우는 브랜딩의 핵심이 이렇게까지 전 세계적인 보편성에 가닿을 수 있게 되었다는 것이 그저 놀라울 따름이다. 당시의 아시아 뷰티 시장은 화이트닝 제품의 기능성으로 승부를 보는 것이 당연한 공식처럼 여겨졌는데, 이니스프리가 진출한 인도 시장의 베스트 상품은 화이트닝 라인이 아닌 기초 스킨케어 라인이었다. 한국 시장의 주력 상품인 기초 스킨케어 라인이 그대로 진출해 상품성을 인정받고 기존 인도 시장의 문법을 변화시킨 것이다.

이렇듯 한국 시장에서 펼쳐내는 브랜딩 판을 그대로 세계 시장으로 가져가도 충분히 설득력을 가진다는 것은 그만큼 우리의 시장이, 우리의 소비자가 뛰어난 검증력을 가진 훌륭한 플랫폼이 되었다는 의미다. 한국이 전 세계에서 가장 지갑을 안 여는 까다로운 소비자 국가라는 얘기를 오래전부터 핀잔처럼 들어왔는데, 이 깐깐함이 가져온 상품력이자 브랜딩 파워가 지금의 한류를 만든 게 아닐까 싶은 재미있는 생각도 역으로 든다.

나는 이렇게 열심히 성장하는 브랜드의 핵심을 담은 이니스프리 브랜딩 하우스를 서울에 구축하는 일을 맡았다. 제주의 멋진 자연을 배경으로 세워진 엄청난 아우라의 제주하우스 본점을 서울에 옮겨와 표현한다는 것은 매우 큰 과제였다. 하지만 더 이상 가격 경쟁을 하지 않고 브랜딩 작업을 통해 한 단계 높은 입지를 굳혀가겠다는 전략을 기본으로 하는 성장 프로젝트였기 때문에 팀원 모두가 지루할 틈 없이 즐겁게 일했다.

무엇보다도 이 프로젝트를 진행하면서 우리가 적용해나간 브랜드의 DNA가 지금까지도 이어지고 있다는 사실이 매우 뿌듯하다. 그때 우리가 믿었던 이 브랜드만의 아름다움에 대한 정의는 지금도 꾸준히 성장해가고 있다.

반복하며

내부 직원을 중심으로 구성된 TF팀에 외부 프리랜서가 제대로 합류하기 위해서는 우선 이 브랜드가 지향하는 기존의 브랜딩 법칙을 확실하게 익히는 시간이 필요하다. 이미 구축되어 있는 브랜드의 프레임을 이해하지 못하면 일을 시작할 수 없다. 최대한 빠른 시간에 해당 조직의 브랜딩 룰을 파악하고, 무엇이 받아들여지고 무엇이 거부되는지 그 이유와 배경을 이해해야 새로운 전략을 수립할 수 있다.

이니스프리 프로젝트를 하는 동안 TF 팀장님으로부터 귀에 인이 박히도록 들었던 말이 있다.

"더 쉽고 더 단순하게 해야 합니다."

프로젝트 초반, 기왕에 외부에서 투입된 인력이니까 더 열심히 해야겠다는 사명감이 있던 나는 조금이라도 더 팀원들에게 인정받고 싶은 마음으로 무장되어 있었다. 하나라도 더 엣지 있는 아이디어를 관철시키려 했고, 곧 힙해질 아이템을 읊어대며 이것들을 이니스프리가 선점해야 한다고 주장했다. 하지만 그럴 때마다 동료들은 나를 늘 물음표의 표정으로 쳐다보곤 했다. 의견을 잘 들어주다가도 언제나 마지막에는 '그래 니맘 다 알아, 하지만…'이라는 분위기로 나를 설득했다. 그리고 언제나 결론은 '더 쉽게, 더 단순하게'였다. 그것이 이니스프리의 브랜딩 방식이라고 했다. 그리고 나는 그런 설득이 늘 아쉬웠다.

'아니, 그럼 이 프로젝트가 특별해질 수 있는 방법이 없잖아….'

그때의 나는 브랜딩을 할 때 뭔가 특별한 요소가 항상 포함되어 있어야 한다는 오해를 했던 것이다. 언제나 트렌드에 민감했고 늘 감각적인 관점을 유지하는 것이 가장 중요하다고 여겼다. 그리고 이러한 강박은 다분히 브랜딩에 대한 사회의 믿음에 기인한 것이기도 하다.

우리 사회에는 눈에 띄는 브랜딩이나 획기적인 신제품만이 브랜드를 성공으로 이끌어낼 수 있다는 생각이 널리 퍼져 있다. 그리고 그런 일을 해낼 수 있는 사람만이 능력자라는 선입견이 있다. 지루한 것을 싫어하고 새로운 멋진 것을 잘 찾아내는 디자이너와 기획자의 보편적 성격 때문에 브랜딩이라는 작업은 언제나 눈에 띄게 특별할 것이라는 오해가 자연스럽게 퍼지게 된 것이다.

그런데 이 일을 하면서 내가 완전히 고쳐먹은 생각이 있다. 튀어 오르려면 디딜 땅이 단단해야 한다는 것이다. 단단한 땅은 특별함보다는 기본적 요소의 일관성을 필요로 한다. 그리고 그렇게 기반이 되는 땅을 충분히 만들어놓아야 그 위에서 어떤 재간도 부릴 수 있다. 브랜드의 정체성을 단단하게 만드는 일은 생각보다 시간이 많이 걸리는 작업이며, 꾸준함의 의미를 지킬 줄 아는 사람이 이 일의 적임자다. 다른 어떤 과정보다도 중요한 브랜딩의 첫 번째 업무다.

프로젝트 초반 나는 이 지점을 완전 착각했다. 물론 좋은 의미로 말이다. 이니스프리라는 브랜드가 국내 시장에서 자리를 잘 잡아가고 있었기 때문에 '이 정도의 변주는 이제 해도 괜찮겠지'라고 판단해버렸다. 하지만 이 브랜드의 장기적인 목표는 파악하지 못하고 있었다. 이니스프리가 이미 전 세계를 대상으로 브랜딩을 구축해나가기 시작했다는 사실을 놓친 것이다.

사람들에게 확실하게 브랜드의 메시지를 전달하기 위해서는 브랜딩 기반을 다지는 작업을 꽤 오랫동안 반복적으로 뚝심 있게 해나가야 한다. 그래야 고객들이 헷갈리지 않는다. 더 많은 사람을 대상으로 한다면, 더 확실하게 반복할 자신이 있어야 하는 것은 물론이다.

이니스프리는 전 세계 2030세대를 겨냥하는 중저가 브랜드다. 이니스프리의 브랜딩은 평범한 2030세대의 일상에 포커스를 맞춘다. 자연스럽게 주력 상품은 일상 속에서 가장 자주 사용하는 기초 스킨케어 라인으로 세팅했다. 바쁘게 돌아가는 젊은이들의 하루하루를 합리적이고 효율적인 방식으로 건강하고 아름답게 채워주려는 것이 이니스프리의 마음이고 전략이다.

그러니 이 브랜드의 상품 개발과 판매 전략이 '더 쉽게, 더 단순하게'라는 브랜딩 지령과 얼마나 찰떡같이 맞아떨어지는지 이제는 눈치챌 수 있을 것이다. '쉽고 단순함'은 내가 그렇게 부르짖던 특별함의 반대편에 서 있는 개념이 아니었다. 오히려 이니스프리라는 브랜드를 세상에 드러나게 만드는 가장 특별한 정체성이며 브랜딩의 철칙이었던 것이다.

기본적으로 브랜딩을 지속적으로 반복하는 지루한 시기를 견뎌내는 지혜가 롱런하는 브랜드를 만든다. 기본 멜로디가 확실하게 귀에 들어와야 그다음에 따라붙는 변주도 매력적으로 들리게 마련이다. 가장 매력적이고 가장 강력한 것은 언제나 기본에 충실하다.

이니스프리 직원들이 실천해온 '더 쉽게, 더 단순하게'는 쭉 그렇게 지켜져서 글로벌 고객들에게까지 닿게 된 것이라고 생각한다. 브랜딩의 우선순위를 명확하게 알고 그 단단함을 유지할 줄 아는 자만이 가질 수 있는 성과를 이 브랜드는 오랜 시간 끝에 드디어 갖게 된 것이다.

프로젝트의 '왜'가
차근히 쌓여 기업의 '왜'로

이니스프리가 사람들의 시야에 들어오기 시작한 것은 브랜드 DNA를 'from JEJU'로 정한 2008년 이후부터다. 브랜드 헤리티지를 제주로 결정한 것이 결정적인 성공 비결이 되었다고 할 수 있다. 어느 뛰어난 마케팅팀 사원의 기지에서 시작된 아이디어라는 설도 있고, 그룹사 회장님의 꿈속에 창업주인 어머님이 나타나서 힌트를 주었다는 설도 있다. 어쨌든 아모레퍼시픽의 고향 제주의 콘텐츠를 나누어 받고부터 이니스프리의 운명이 본격적으로 꽃피기 시작했으니, '신의 한 수'란 분명히 존재하는 것 같다.

이니스프리가 기존에 밀고 있던 '자연주의', '섬', '청정'과 같은 테마들이 '제주'라는 매우 현실적이고 구체적인 그릇에 담기면서 사람들에게 확실하게 각인되는 브랜드로 자리잡기 시작했다. 제품 라인들도 본격적으로 제주 원료에 집중하기 시작해, 지금은 거의 모든 라인에 제주 원료를 사용하고 있다. 우스갯소리로 이니스프리 BM(브랜드 매니저, 상품 개발/전략을 비롯해 전반적인 상품의 관리를 담당한다)이 되면 우선 제주 자원 탐사를 떠나야 한다고 말할 정도다.

우리가 몰랐던 제주의 보물을 찾아내 아름답게 재해석하고 고객들과 나누는 것을 모토로 삼은 덕에 이 브랜드는 빠른 속도로 성장하여 2013년에는 제주에 그럴듯한 고향집을 짓게 되었으니, 이것이 바로 '이니스프리 제주하우스'다.

이니스프리 제주하우스는 이니스프리의 '무엇을, 어떻게, 왜'에 해당하는 콘텐츠를 가득 담아 고객들이 이를 적극적으로 경험할 수 있도록 조성한 체험형 브랜딩 공간이다. 그간 발굴해낸 제주 원료들의 원액의 향과 질감을 경험할 수 있고, 내 마음에 드는 제주 원료를 사용해 천연 제품을 직접 만들어 가져갈 수 있으며, 제주 특산물을 활용해 만든 음료와 음식을 즐길 수 있는 카페도 조성해놓았다. 싸고 좋은 제품으로만 인식되던 브랜드에 다양하고 아름다운 스토리를 부여함으로써 기업의 역사와 권위가 만들어지고 브랜드 성장을 지원할 수 있게 된 것이다.

이렇게 큰 관심을 받으며 만들어진 제주하우스를 서

울로 가져오는 작업은 결코 쉬운 일이 아니었다. 무엇을 가져오고 무엇을 가져오지 않을지(혹은 가져올 수 없는지)를 결정하는 게 가장 까다로운 이슈였다. 돌담 전문가를 제주에서 서울로 모셔와야 했고, 제주 현무암은 도외 반출이 어려웠다. 서울이라는 도시의 특성과 제주하우스의 정체성을 잘 조화시켜 어떤 메뉴를 그대로 가져오고 어떤 메뉴를 새로 개발해야 하는지, 제주하우스 매장 전용 상품 전략은 어떻게 짜는 게 좋은지 등 브랜딩의 범위 안에서 함께 고민해야 하는 어젠다가 수없이 많았다.

그리고 이 모든 것을 아우르는 가장 큰 이슈는 'from JEJU'라는 태그라인을 서울 삼청점에서는 어떤 식으로 발현할 수 있을까 하는 점이었다. 제주에서 시작하고, 제주와 함께 성장하는 브랜드라는 인식이 제주점에서 발신하고자 하는 메시지였다면, 삼청점은 여기에 어떤 이야기를 더해야 서울 매장만의 설득력을 가질 수 있을까라는 질문이 만들어졌다.

제주점과 삼청점의 가장 큰 차이점은 제주도와 서울이라는 위치의 특성에 기인한다. 제주의 제주하우스는 방문객의 거의 대부분이 관광객이지만, 서울은 관광객과 서울 시민으로 고객 비율이 나누어져 있다. 제주 본점이 드넓은 녹차밭의 정경을 가장 큰 이점으로 활용했다면, 삼청점은 오히려 작고 닫혀 있는 도심 공간의 내부로 제주 풍경을 적절하게 끌어들여야 한다는 엄청난 미션이 있었다.

삼청점의 새로운 전략은 이러한 고객과 공간의 차이

• 이니스프리 제주하우스 삼청점의 모습.
유채꽃, 바닷가 사진으로 내부를 꾸미고 해녀의
물질 도구를 닮은 조명을 만드는 등 제주 풍경을
재해석해 내부를 꾸몄다.

점에 초점을 맞춰 그 차이를 강점으로 만들 수 있는 방법을 고안하는 것을 목표로 했다. 제주를 최대한 표현하면서 서울의 특징을 활용하는 진화한 DNA가 필요했다.

우리는 이니스프리의 기존 브랜딩 세계로 고객의 개인적인 일상을 초대하는 것을 아이디어로 채택했다. 이니스프리의 제품과 서비스가 거울 앞을 떠나도 고객과 더 많은 시간과 공간을 함께하며 이니스프리의 가치를 나누는 상상을 해보았다.

싱그러운 자연주의를 고집하는 브랜드의 이미지와 연결하여 가드닝 상품과 서비스를 개발하고 반려 식물 키우기를 제안했다. 이니스프리 제주 원료의 우수성을 제대로 경험할 수 있도록 유채꿀 립밤의 재료인 유채꿀을 그대로 유채꿀 타르트에 사용하는 방식으로 카페 메뉴를 구성했다. 농장의 사진을 보면서 소리를 듣고 향기를 맡는 1차적인 설명에서 한 단계 나아가 화장품 원료와 카페 식재료를 일치시켜 고객에게 재료의 안전성과 상품의 품질에 대한 더 큰 신뢰를 심어주는 것을 의도했다. 원료의 구성을 내가 스스로 정할 수 있는 프레쉬 토핑팩 상품을 제주하우스 전용으로 개발하여 '나만의 자연주의 화장품 만들기'라는 즐거운 경험형 상품도 출시했다.

이 프로젝트는 새롭게 생산되는 모든 상품과 서비스가 이니스프리라는 브랜드의 틀 안에서 합리적인 이유를 가지면서도 제주하우스 삼청점만의 감각을 장착하도록 브랜딩

* 이니스프리 제주하우스 삼청점에서만 구매할 수
있는 상품인 프레쉬 토핑팩을 출시하고, 고객이 직접
사은품을 뽑을 수 있는 럭키 코인 자판기를 만들었다.

을 하는 게 무엇보다 중요했다.

그렇게 탄생한 이니스프리 제주하우스 삼청점의
DNA는 '먹고Eat, 만들고Make, 키우는Grow, 이니스프리 그린
라이프'였다. 제주에서 시작해서 서울로, 그리고 세계로 전하
는 이니스프리의 생기 넘치는 아름다움을 고객들이 더 가깝
고 즐겁게 경험하기를 바라는 브랜드에 대한 진화적 바람이
담긴 프로젝트 슬로건이다.

대중적인 브랜드는 브랜딩이라는 작업을 통해 매 순
간 반보씩 성장한다. 이전에 작업했던 브랜딩을 들여다보면서
떠오르는 아이디어와 인사이트는 다음 브랜딩으로 이어진다.
그렇게 계속 순환하면서 동심원을 키워나간다.

프로젝트 슬로건은 브랜드 슬로건과는 다른 기능을 가진다. 프로젝트 슬로건은 프로젝트 관련자와 브랜드 조직원에게 전달되는 것을 목표로 한다. 가끔 감각 좋은 고객과 공유가 되기도 하지만, 사실 안 돼도 그만이다. 이 슬로건은 일을 함께 해나가는 동료들과의 약속이자 업무에서 발생하는 모든 선택과 결정의 기준이 된다. 성장이 계단식이라고 한다면 우리의 이번 프로젝트는 이전 계단을 통해 상승한 것이고, 다음 계단으로 오를 수 있도록 이어주는 소중한 계단 하나를 만들어낸 것과 같다.

기업이 지향하는 커다란 꿈 안에서 여러 프로젝트들이 차근차근 그때의 일을 해나가고 있다. 매일 출근해서 하나씩 다듬고 손보는 브랜딩 업무는 '커다란 브랜드의 세계를 구축해가는 계단'에 새겨지는 우리의 과정이다.

* 자연주의를 지향하는 브랜드 이미지와 연결하여
  다양한 식물로 내부를 꾸민 이니스프리 제주하우스
  삼청점의 모습.

* 이니스프리 제주하우스 삼청점에서 처음으로
선보인 이니스프리 가드닝 코너.

너무나 다른 집단이 협력하여
좋은 방향으로 나아가는 법

협력하여

나는 프리랜서로 활동하기 전에는 대기업의 직원으로도, 개인 디자인 회사의 직원으로도 일했다. 그 시기 나의 가장 큰 의문과 불만 중 하나는 '대기업들은 왜 경력이 화려한 회사만 찾는 것일까'였다. 엄청난 기업 예산이 유명한 사람들에게만 투자되는 것을 눈앞에서 지켜보자니 프로젝트 외주의 부익부 빈익빈 현상 같아 좀 많이 실망스럽고 괜히 내가 억울한 생각이 들었다. 이러면 우리나라 디자인계는 어떻게 성장하냐는 말이다. 어째서 좋은 신예 디자이너를 발견해보려는 의지가 없느냐는 말이다.

보통 프로젝트의 DNA와 콘텐츠를 확정한 다음 단계는 함께 일할 크리에이티브 집단을 섭외하는 것이다. 프로젝트가 지향하는 콘셉트를 가장 잘 이해하고 표현해줄 수 있는 사람들을 찾아 나서는 일이다. 여러 후보를 리서치하고 나서 내부적으로 리스트를 공유하고 필터링을 하게 되는데, 자연스럽게 이 단계에서 '경험이 있는' 파트너사를 좀 더 고려하게 되는 것이 기업의 습관이다. 기업이라는 큰 조직의 생리를 잘 알고 있다는 것이 무엇보다 중요하게 작용하기 때문이다.

여러 사람이 함께 움직이고 공식적인 발표를 해가면서 일을 연결해나가는 큰 조직의 작업에서는 모두가 일의 핵심을 정확하게 이해하고 약속을 잘 지켜야 한다. 만약 이런 진행을 따라오지 못해 행여 사건 사고가 터지면 결국 누군가는 밤을 새서 해결해야 한다는 것을 기업의 담당자는 잘 알고 있다.

담당자는 곧 책임자다. 따라서 프로젝트 담당 직원에게는 뛰어난 크리에이티브 장착은 물론이고 동시에 결과물까지 가는 과정을 사고 없이 진행할 수 있는 상대가 필요하다. 그러자면 내부 보고 일정이나 다양한 샘플링 과정을 어렵지 않게 수행할 수 있는 인력과 자본이 확보된 파트너가 편하다. 프로젝트 수주의 부익부 빈익빈은 이 지점에서 발생하는 것이다.

제주하우스 삼청점 프로젝트를 진행하면서 책임을 자처하고 나선 큰 도전이 하나 있는데, 협력 파트너사를 최대한 신선하게 구성해보자고 팀에 제안한 것이다. 이 프로젝트가 결과적으로 잘 나오기 위해서는 타깃이 되는 고객층과 가장 근접한 연령대의 작업자들이 합류하는 것이 중요하다고 생각했다. 그리고 이런 식의 협업이 충분히 가능하다는 것을 스스로에게 증명해 보이고 싶었다. 이니스프리라는 브랜드가 젊은 직원들, 젊은 마인드를 유지하는 임원들과 함께 성장해가는 것처럼, 브랜드가 만나는 작업자들 또한 젊기를 바랐다.

그리하여 우리 팀은 그래픽, 스타일링, 인테리어와 가구, 가드닝, 레시피 개발, 포토그래피, 푸드스타일링, 식재료 거래 등의 분야에서 지금까지 이니스프리와 한 번도 일한 적 없는 젊은 파트너사를 찾아보기로 했다. 거리 위에서 실력을 검증받아 호응을 얻고 있는 신인과 묵묵하게 조용히 진정성을 추구하는 개인을 중심으로 리서치했다. 주로 내가 팀에 자료를 들이밀며 설득을 하는 형상이었는데, 고맙게도 다들 수긍해주었고 함께 성심껏 진행해주었다. 불안하기도 했을 텐데, 지금 생각하면 참 고마운 결정이었다.

아니나 다를까, 예상은 했지만 일하는 내내 긴장감 도는 에피소드가 참 많았다. 기업의 업무 우선순위와 작업자의 업무 우선순위가 달라 사소한 갈등이 자주 일어났다. 완성도 있는 작업을 위해서 시간이 더 필요한 것도 맞는 말이고, 이번 주에 겨우 잡힌 임원 보고를 위해 만들어야 할 결과물이 필요한 것도 맞는 말이라 원하는 완성도의 작업을 원하는 일정에 맞추기가 늘 쉽지 않았다. 기업과 처음 일해보는 입장

이니, 제공받는 자료의 포맷이 생소해 작업을 하기에 앞서 문서를 암호인 것마냥 해독해줘야 하는 경우도 발생해 시간이 더 지체되기도 했다. 반대로 기업에서 사용할 수 없는 독자적인 포맷의 결과물이 도착해 팀에서 다시 문서를 작성하는 바람에 애를 먹기도 했다.

중간자의 역할을 자처한 나는 당연히 그럴 때마다 일이 두 배로 많아지는 운명을 차분하게 받아들여야만 했다. 대범한 척하며 "자, 오늘 함께 밤을 새볼까요"라고 사람들에게 제안하기도 하고, 초조한 마음으로 혼자 밤을 새며 오류를 수정하기도 했다. 정신 나간 척하며 파트너사와 티격태격하기도 하면서 어떻게든 그 간극을 줄여나가려고 했다.

좋은 결과물을 얻기 위해서는 우리 모두가 각각 다르게 세팅한 우선순위부터 일단 조율해내야만 한다. 결국 모든 일은 사람 사이에서 벌어지기에 일을 잘 만들어가기 위해서는 그 일에 관여하고 있는 이들이 순조롭게 움직일 수 있도록 기준을 잘 잡아줘야 한다. 이때 일을 끝까지 책임지는 사람이 바로 일의 최전선에 있는 '담당자'다.

도면과 엑셀 시트를 들고 기업과 파트너 사이에서 울고 웃으며 고군분투해야 했던 담당자의 날들은 확실히 힘들었다. 하지만 우리들이 각자 어떤 위치에서 어떻게 기능하는 것이 가능하고, 그로 인해 얼마나 즐거운 결과를 경험하게 되는지 알게 된 소중한 시간이기도 하다. 걱정했던 프로젝트의 완성도는 문제없이 성취되었다. 그리고 우리는 서로 새로운

150

업무 데이터를 갖게 되었다.

'기업의 프로젝트 담당자는 결코 지루하게 사는 회사원이 아니겠구나' 새삼 느끼게 되었다. 가장 중요한 윤활제 역할을 해야 하는 사람이니 그에게 프로젝트의 성패가 달렸다고 해도 틀린 말이 아니다. 기업과 크리에이터의 협업이란 사실 기업 담당자와 크리에이터의 협업이라고 해도 과언이 아니다. 서로 매우 다른 세상에서 살아간다고 생각하는 사람들의 만남이다.

너무나 달라서 전혀 엄두가 나지 않는 파트너와의 협업을 추천한다. 같이하면 참 좋을 것 같긴 한데, 이래저래 어려울 것 같다며 지레 겁먹고 포기하지 않기를 바란다. 생소하고 도전적인 사람들을 통해 자극받은 브랜드는 고민과 조율을 통해 새로운 감각의 성과를 낼 수도 있다. 진화가 종종 돌연변이에 의해 이루어지는 것처럼 말이다.

Walnut shells 호두껍질 추출

Seaweed 해초 추출

Gree

Soybean 콩추출물

Tangerine 감귤의 추출

Camellia 동백의 추출

Canola honey 유채꿀 추출

* (시계 방향으로) 젊은 파트너사와 협업하여 진행한
이니스프리 제주하우스 삼청점의 인테리어 및
패키지 디자인, 푸드스타일링.

순환력

이니스프리에서 일하며 '아, 이것이 바로 이 브랜드의 성공 비결이구나' 하고 놀랐던 때가 자주 있다. 바로 엄청나게 유연한 커뮤니케이션 능력을 경험할 때다. 게다가 이런 분위기를 이끌고 있는 주인공이 당시 이니스프리의 대표님이라는 것이 정말 신선하고 재미있었다.

　　대표님은 시시때때로 20대 화장품 리뷰 커뮤니티에 접속해 리뷰뿐만 아니라 댓글까지 확인하면서, 코덕(코스메틱 덕후의 줄임말)의 온갖 용어들을 줄줄 꿰고 있었다. 직원들 이름은 물론이고 그들의 능력과 성격까지 파악해 오며 가며 농담을 건넬 줄 아는 예리하고 유쾌한 상사 캐릭터였다.

이니스프리의 모든 제품 리뷰는 짧고 굵고 거침없이 회사의 모든 곳에서 자유롭게 이루어졌다. 펍의 스탠딩 테이블처럼 생긴 미팅 테이블에 둘러서서, 실무자 자리의 컴퓨터 앞에서, 때로는 대표님 테이블에 편하게 둘러앉아 수다떨 듯 토론하며 의사 결정을 했다.

팀으로 일할 때 자주 떠드는 것은 매우 중요하다. 농담과 안부와 업무가 뒤섞인 다양한 대화들이 격 없이 이루어지는 가운데 알게 모르게 우리는 서로의 가치관을 확인하고 일의 방향성을 조율해 나가며 더 적합한 답들을 우연히 찾아내곤 한다. 이니스프리 직원들이 흔하고 사소하게 서로 커뮤니케이션을 해나가면서 수시로 확인하는 것은 단순한 업무 그 이상일 것이다. 끊임없이 자연스럽게 이루어지는 대화와 토론을 통해 회사의 비전과 미션이라는 정신적 가치를 확인하고 공유했을 것이 분명하다. 그리고 이러한 기업 가치에 대한 조직원의 공감이야말로 잘되는 회사의 가장 소중한 연료다.

기업이란 연속적인 '가치' 창출 활동의 집합체다. 언뜻 연속적인 '수익' 창출 활동의 집합체라고 생각할 수도 있지만, 대규모의 인간들이 다 함께 한 방향으로 나아가기 위해서는 정신적인 가치가 앞장을 서야 한다. 그렇지 않으면 금방 배열이 흐트러지고 만다. 인간은, 인정하든 인정하지 않든 고차원적인 세계를 지향하는 복잡한 생명체다. 우리가 입사, 이직, 퇴직을 계획할 때 오로지 연봉 하나만을 조건으로 떠올리지 않는 것만 봐도 알 수 있다. 내가 얼마나 이 회사를 잘 다닐 수 있는지는, 이 회사가 지향하는 바를 확인했을 때 비로소 판단할 수 있다. 기업의 가치 창출에 이바지하고 자신의 삶이 그것으로부터 다시 긍정적인 영향을 받았으면 하는 것이 구성원의 마음이다.

　　　이니스프리 일을 하면서 '가치 창출'라는 기업의 본질을 다시 생각하게 되었다. 이니스프리 업사이클링(재활용품에 디자인 또는 활용도를 더해 그 가치를 높인 제품으로 재탄생시키는 것) 활동을 보여주는 '소격동 공병 공간' 프로젝트, 제주로부터 받은 혜택을 제주로 돌려주기 위해 다양한 콘텐츠를 통한 지역 활성화를 꾀하는 '이니스프리 모음재단' 활동은 단순한 기부 행위로 이미지를 재고하려는 다른 기업과는 확연히 비교되는 그들만의 현실적인 가치 지향점을 보여준다. 친환경, 자연주의, 건강함과 같은 이니스프리의 키워드가 소비자의 삶 속에서 말이 되는 콘텐츠로 살아갈 수 있도록 꾸준히 아이디어를 내고 실행하면서 발전된 결과물들이다. 그리고 이 모든 아이디어는 회사의 지향성을 충분히 이해하고 공감하는 직원들에 의해 시작되었을 것이다. 그들이 그간 나누었을 엄청난 양의 대화가 상상돼 웃음이 난다.

　　　가치 창출 활동을 지속하기 위해 필요한 힘이 무엇인지 이니스프리 사람들은 잘 알고 있다. 바로 이니스프리 브랜딩의 큰 특징 중 하나인 '순환력'이다. 브랜드의 유연한 팔과 다리는 내부의 모든 직원과 닿아 함께 소통할 수 있도록 해주고, 외부의 어떤 파트너와도 격 없이 일할 수 있도록 해준다.

생명체의 유연한 팔과 다리는 쉬지 않고 움직여 몸 전체에 영양소를 전달하고 독성 물질을 배출한다. 브랜드도 마찬가지다. 고객과의 접점, 직원과의 접점, 파트너와의 접점을 통해 끊임없이 소통하고 막힘없이 피드백을 받아들이는 브랜드는 순환력이 점점 좋아져 양질의 가치 성장을 거듭한다. 언제나 세상과 쉽게 대화할 능력이 갖춰져 있기에 리스크가 닥쳐도 빠르게 대처할 수 있다. 리스크를 반복적으로 경험하고 극복하는 데이터가 쌓여가면 브랜드 면역력이 점점 높아져 더 큰 위기가 닥치더라도 외부 환경에 의해 운명이 결정되는 일 없이 자생적으로 치유 가능한 전략을 세울 수 있다. 나는 이 모든 경쟁력의 바탕에는, 회사의 가치를 끊임없이 안팎으로 소통하고 다시 피드백을 받아 강화시키는 '커뮤니케이션 순환 전략'이 있다고 생각한다.

현대 사회의 기업들은 불안하다. 이 불안에서 완벽하게 멀어지는 방법은 불안의 가장 가까운 곳에서 그것을 인지하는 것, 즉 불안 속에서 헤엄치는 방법을 습득하는 것이다. 이니스프리라는 회사가 안팎으로 관계를 열어놓고 쉴 새 없이 소통해나가는 행동은, 매일매일 새로워지는 세상 속에서 움직이고 적응하며 상대에 대해 알아가려는 현명한 생존 전략이기도 하다.

우리는 이제 모든 변화를 저항하지 않고 받아들이기에 이르렀다. 오늘을 살아가는 수많은 전략을 논하고 있지만, 그 어떤 것도 불변의 법칙이 될 수 없다는 것 또한 잘 알고 있

다. 나에게 적당한 속도의 순환과 적당한 강도의 면역력을 몸에 익히면 불안과 두려움이 감소할 것이다. 리스크가 없는 브랜드나 어려움이 없는 삶은 절대 존재하지 않는다. 그것들과 함께 살아가는 방법을 익힐 뿐이다.

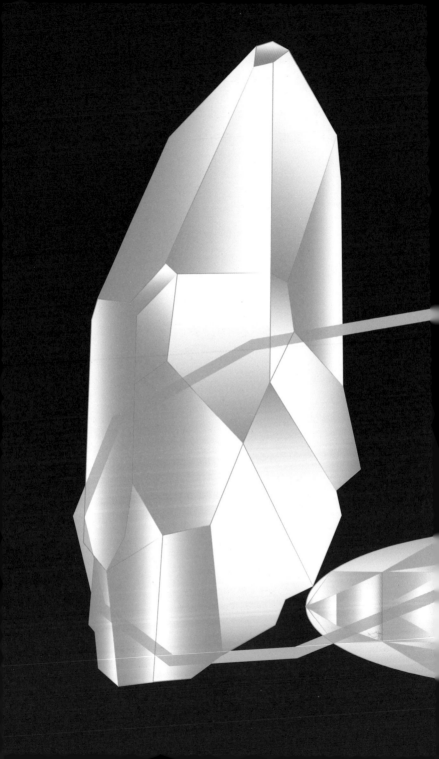

일과, 세계와, 나의 행복

슈마허칼리지, 부탄

멀어져야 잘 보이는 것들이 있다. 가장 바삐 일해야 하는 시기에 찾아온 슬럼프, 그리고 그 슬럼프가 만들어준 슈마허칼리지와 부탄에서의 시간은 지금까지 내가 '나의 일에 어떻게 연결되어 있는지' 선명하게 보여주었다. 어쩌다 일에서 멀어져버렸고, 다시 어떻게 돌아갈 수 있는지 알고 싶었다. 이 장에서는 슈마허칼리지와 부탄에서의 경험과 그곳에서의 다양한 만남이 어떻게 이러한 고민을 해결해 주었는지 이야기하려고 한다.

언젠가 고민의 시간들이 또 올 것이라는 것을 안다. 그리고 다시 길을 잘 찾아갈 것이라 믿는다. 일과 연결된 피로가 일 자체의 문제가 아니라는 것을 알게 되었기 때문이다. 내가 나를 대하는 태도, 나의 일을 대하는 태도, 나의 일이 속한 세계를 대하는 태도를 자세히 들여다보면 결국 미로를 빠져나올 수 있는 실마리가 보인다.

믿음을 믿나요?

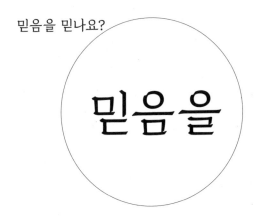

나는 일을 꽤 좋아하는 사람이다. 재미있어 하다 못해 주객이
전도되어 일에 완전히 함몰되었던 시간이 셀 수 없이 많고,
일하다 뻥 뚫린 몸과 마음의 구멍을 다시 메꾸기 위해 써온
비용도 만만치 않다. 어느 날 대차게 병에 한 번 걸리고 나서
비로소 멈출 수 있었지만 말이다.

　　이것저것 한창 일이 재미있을 30대 중반의 나에게 자가면역질환이 두 차례 크게 닥쳤다. 몸이 점점 느슨해지더니 급기야는 뇌졸중 전조증상까지 와서, 한동안 방 안에 누워 천장 무늬만 연구하는 날들이 이어졌다. 정말 심각하게 방에서 혼자 〈햄릿〉을 찍었다. "죽느냐 사느냐 그것이 문제로다"라는 대사를 소리 내서 읊었다. 이대로 가다가는 정말 모든 게 다 멈춰버리겠구나 싶은 생각이 들 정도로 몸 안의 움직임이 서서히 아주 서서히 속도를 줄여가고 있었다.

　　살던 대로 살면 끝이라는 경고인 것 같았다. 무엇을 어떻게 변화시켜야 할지는 잘 모르겠지만, 어쨌든 지금 이건 아니라는 것 정도는 쉽게 알 수 있었다. 일단 죽느냐 사느냐 선택의 갈림길에서 '살아보자'에 무게를 싣기로 마음먹었다. 그리고 그때부터 어떻게든 '살 수 있는 방법'을 찾아야겠다고 생각했다.

　　신체적 회복을 위한 노력과 함께 기왕 이렇게 된 거 근본적으로 삶의 치료법을 찾아보기로 작정하고 여기저기 기웃거리기 시작했다. 책도 왕창, 검색도 왕창, 워크숍과 강연도 왕창 찾아다니며 다른 사람들을 많이 구경하고 관찰하고 함께 이야기도 나눴다. 세상 사람들은 삶의 위기가 닥쳤을 때 어떤 생각과 행동을 하는지, 궁금했다.

　　그러던 어느 날 덜컥, 책에서 발견한 영국 시골의 어느 대학에 지원 서류를 넣었다. 얼렁뚱땅 2016년 11월부터 2017년 11월까지 전 세계 대안 교육과 전환 마을 운동의 중

심에 있는 슈마허칼리지와 부탄에서 진행하는 '라이트 라이
블리후드Right Livelihood('온전한 삶의 방식과 행복'이라고 직역할
수 있다)'라는 이름의 코스에 등록했다. 책을 읽다 우연히 발
견해 웹사이트에 접속해본 이 학교, 뭔가 여태까지 본 적 없
는 단어들이 적혀 있어 호기심이 발동했다.

　　　학교의 학위 과정 명칭만 봐도 재미있다. 통합적 과
학Holistic Science, 생태적 디자인 사고Ecological Design Thinking,
재생경제학Regenerative Economics 그리고 최근에 신설된 참여
생태학Engaged Ecology까지 총 4개의 학위 과정이 운영되고 있
었다. 이렇게 분명하게 가치 기준을 그대로 드러낸 이름을 전
공 명칭으로 사용하다니, 뭔가 정말 확실한 사람들이 만들었
겠구나 싶었다. 그 후로 가끔씩 슈마허칼리지의 웹사이트에
들어가 이것저것 구경하면서 나의 고민에 도움이 될 만한 자
료들을 얻곤 했는데, 그러다 발견한 것이 바로 '라이트 라이
블리후드'라는 1년짜리 신규 코스였다.

　　　라이트 라이블리후드는 불교의 팔정도 중 '정명'을
뜻하는 단어를 영문으로 번역한 말로, 틱낫한 스님은 정명에
대해 이렇게 설명한다.

　　　"생계를 꾸려나가는 것에 집중하다 자칫 우리 안의
사랑과 연민을 잃지 않도록 방법을 찾아가려는 노력이 정명
의 실천에 이르도록 해준다. 우리가 우리 자신을 먹여살리는
방식은 곧 우리 내면의 깊은 자아를 표현하는 방식과 같으며,
동시에 우리가 자신과 타인에 대한 슬픔을 느끼는 방식과도

같다. 우리의 소명은 삶에 대한 이해와 사랑을 확장시킬 수도 있고 사라지게 만들 수도 있다. 그렇기 때문에 생계를 꾸려가기 위해 하는 행동이 가져오는 결과에 대해 우리는 넓고도 자세하게 잘 인식하고 있어야 한다."

슈마허칼리지의 라이트 라이블리후드 프로그램은 '깊은 곳에 있는 목적을 찾아서Finding deeper Purpose'라는 부제를 내걸고 "삶의 가치와 방향성에 더욱 가까워질 수 있는 전환Transition of Life을 원하는 사람들을 위한 여정입니다"라는 코스 소개를 해놓았다. 프로그램과 관련된 다양한 장소를 방문하고 여러 사람을 만나 의미 있는 대화와 연구를 함으로써 삶의 전환기를 세계의 동지와 함께 겪어내자는 설명이 하나하나 주옥 같아 마음에 들었다. 특히, '나를 잃지 않고 삶을 계속해나갈 수 있는 변화'라는 말이 좋았다.

이 프로그램은 1년에 총 세 번의 오프라인 수업이 있고, 나머지는 온라인을 통해 각자의 장소에서 다양한 활동을 수행하는 방식이다. 따라서 코스에 참여하기 위해 일을 그만두지 않고도 돈을 벌면서 수업을 계속해나갈 수 있다는 큰 장점이 있다. 라이트 라이블리후드라는 코스 명칭에 걸맞게 생계를 포함한 삶의 방식을 연구하기 위한 최적의 방식이라는 생각이 들어 더욱 매력적으로 느껴졌다. 나에게 필요한 것을 용케도 찾아냈구나 싶었다. 고민할 것도 없이 나는 모아둔 돈을 탈탈 꺼내 등록을 했다.

* 영국 토트네스에 위치한 슈마허칼리지 전경 1.

슈마허칼리지는 대안적 삶을 고민하는 사람들 사이
에서는 꽤 유명한 학교다. 《작은 것이 아름답다》라는 책으로
유명한 E. F. 슈마허Ernst Friedrich Schumacher의 정신과 이론을
바탕으로 세계적인 철학자 사티쉬 쿠마르Satish Kumar가 생태
분야 석학들과 함께 세운 학교이자, 반다나 시바Vandana Shiva,
프리초프 카프라Fritjof Capra, 마가렛 휘틀리Margaret Wheatley
와 같은 너무나 유명한 분들이 강의를 하는, 생각만 해도 마
음이 두근두근한 곳이다. 세계적인 전환 마을 운동을 최초로
시작한 영국 토트네스Totnes 마을의 정신적인 부분을 지탱하
는 근사한 곳이기도 하다.

그럼에도 불구하고 꽤 냉소적이고 의심이 많은 나는
이 학교의 진정한 매력을 스스로 발견하고 인정할 수 있어야
했다. 아무리 세상 사람들이 다 좋다고 해도 내가 스스로 느
끼고 확인해야만 직성이 풀리니, 피곤한 성격이다. 막상 학교
에 가보니 사람들이 너무 자기만의 철학에 빠져 있는 것도 같
고, 정말 써먹을 수 있는 현실적인 이야기를 하기는 하는 건지
의문이 들었다. 나는 이 의문이 해소될 때까지 마치 탐정이라
도 된 것마냥 언제나 눈을 부릅뜨고 귀를 쫑긋거리며 말을 아
끼고 노트를 많이 하는 학생이 되어버렸다.

이토록 의심투성이인 내가 결정적으로 슈마허칼리
지의 세계에 빠지게 된 계기는, 그들에게서 나오는 전혀 반대
의 성질을 발견하고부터다. 바로 그들의 '의심 없이 믿는' 매
력에 빠져든 것이다. 아무리 냉소적이고 절망적이고 까다로운

* 슈마허칼리지 가든. 이곳에서는 전문가와 인턴, 학생들이 함께 각종 식재료와 꽃을 키운다. 학교 식당은 이를 사용해 음식을 만들 수 있는 자급 시스템을 갖추고 있다.

질문을 퍼부어도 당황하지 않고 늘 단단한 대답을 돌려주는 슈마허칼리지의 사람들은 '진심으로 믿는 사람들'이다. 좋은 모든 것에 대한 당연한 믿음이다. 그리고 그 믿음을 기반으로 변화를 만들어내기 위해 이곳에서 함께 연구하고 실험하고 행동해간다.

전환경제학Economics for Transition('재생경제학'의 이전 명칭)을 전공하고 라이트 라이블리후드 코스의 조교로도 일한 델라는 '업스트림Upstream'이라는 팟캐스트를 통해 자본주의를 기반으로 하는 글로벌 시스템의 약점을 점검하고 다양한 대안경제 이론을 알리는 활동을 하고 있다. 내가 좋아하는 업스트림의 스티커가 있는데, 거기엔 이런 말이 적혀 있다.

"Capitalism? We can do better(자본주의? 우리는 더 잘할 수 있어)."

"You don't hate Mondays, you hate capitalism(당신은 월요일이 싫은 게 아니에요, 자본주의가 싫은 거죠)."

언뜻 보면 그냥 '좌파구나' 생각하고 지나갈 법하지만 나는 이 스티커를 보면 마음이 시원해진다. 자본주의를 비판하면서도 그 기저에는 "지금보다 더 즐거울 수 있는 좋은 시스템이 분명 있다", "당신은 무작정 뭔가를 싫어하는 사람이 아니다. 당신의 잘못이 아니니까 괜찮다"라는 휴머니즘이 깔려 있기 때문이다. "나쁜 놈은 물러가라"라는 분노 기반의 시위가 아닌, 더 좋은 무언가를 장전하고 있는 노련한 전략이 느껴져서 기분이 좋다.

* 슈마허칼리지에서 진행하는 라이트 라이블리후드
코스는 전세계 다양한 사람들이 참여해 서로의
이야기를 공유하고, 삶의 가치와 방향성에 대해
공부한다.

그들의 믿음은 믿기 위한 믿음이 아니다. 극단적이거나 맹목적이지 않다. 믿음이라는 아늑한 울타리가 나를 지켜주고 안정을 가져다주기 때문에 믿는 것이 아니다. 믿음은 자세이자 관점일 뿐, 핵심은 변화이고 대안이다. 대안이 되는 변화를 만들어내기 위해 이들은 스스로 그 가능성을 믿고 합리적인 방향을 찾아 연구한다. 그리고 그 대안은 절대적이지 않다. 언제나 믿음을 기반으로 형태를 바꿀 수 있는 여지가 있다. 그 때문에 이들은 대안을 '제시하는' 사람들이 아니다. 대안으로 '향해 있다'라는 말이 슈마허칼리지를 좀 더 정확하게 묘사할 수 있는 말이라고 생각한다.

의심하지 않음, 즉 믿음이라는 단어를 '독불장군'이라던가 '집단이기주의' 같은 이미지로 연결시켜버렸던 나에게 슈마허칼리지는 믿음이라는 단어의 가장 이상적인 의미를 덧칠할 수 있게 해주었다. 단단하지만 부드럽고 풍요로운 좋은 토양의 이미지랄까. 믿음이란 좋은 콘텐츠를 향해 꾸준히 달려갈 때 진짜 빛을 발한다.

지금까지 프로젝트 각각의 비전과 미션의 가치를 더 잘 이해하기 위해 연구하는 마음으로 일해왔다고 생각했는데, 그 프로젝트가 속하는 더 큰 필드에 대한 폭넓은 관점과 믿음에 대해서는 무심했다는 것을 깨닫게 되었다. 꽤 오랫동안 야생 동식물을 보호하고 지원하는 재단의 다양한 활동에 참여하며 작업을 해왔지만, 이런 활동들이 세상에 미칠 수 있는 영향이나 역할에 대해 진심으로 믿고 있었는지 다시 생각해보는 계기가 되었다.

어쩌면 믿음이 부족한 상태에서 일을 지속한 시간들이 나를 조용히 지치게 만들었는지도 모른다는 생각이 들었다. 프로젝트의 단편적인 아름다움에만 집착했던 것은 아닐까, 돌이켜보았다. 내가 참여한 모든 프로젝트가 차곡차곡 나의 믿음의 연결선상에 잘 배치되어 있었다면 지치지도 않고 아프지도 않았으려나, 상상도 했다. 앞으로는 무엇에 대해 긍정적인 마음으로 믿고, 지지하고, 참여하고 싶은지 나를 찬찬히 들여다보았다.

하루는 이런 내 마음을 튜터Tutor인 줄리아에게 털어놓은 적이 있다.

"줄리아, 아무래도 세상의 멸망 속도를 우리의 노력으로 저지하기는 힘들 것 같다는 생각이 자꾸 들어요. 생태계 보호니, 쓰레기 재활용이니 왠지 다 부질없어 보이는데…. 어떻게 생각해요?"

다소 직설적으로 털어놓은 회의론자의 고백에 줄리아가 했던 대답은 한동안 이해하기 힘든 메아리가 되어 맴돌았지만, 마음에 묵혀두고 보니 결국 보물이 된 소중한 말이다.

"지인, 그 어떤 무엇보다 중요한 건 세상을 좋은 곳으로 만들고자 하는 너의 그 마음, 정신성을 지구에 심는 거야."

닮아서 다행이다

내가 수료한 라이트 라이블리후드 코스는 이 학교가 원래 운영하고 있는 정규 학위 과정이나 단기 코스와는 조금 다른, 새로 생긴 특별한 기획이었다. 총 1년의 기간을 다섯 개의 모듈Module(단위. 전체 교육 과정의 일부가 되는 토막)로 나누어 1, 3, 5번째 모듈은 각각 슈마허칼리지, 부탄, 다시 슈마허칼리지에서 직접 만나 약 한 달간 아침부터 밤까지 풀타임 코스로 진행되었고 2, 4번째 모듈은 모든 구성원이 개인 코칭, 그룹 코칭, 전체 강의의 총 3개 유닛을 부여받아 각자의 일상에서 온라인으로 진행되었다.

　　그리고 모두 다섯 개의 모듈로 구성된 이 1년간의 여정은 오토 샤머Otto Scharmer 박사의 U-이론Theory U을 기반으로 디자인된 것이다.

　　U-이론은 문제 발생에서 문제 해결로 향하는 여정이 U자 형태를 띠고 있다는 아이디어에서 시작한다. U의 여정은 역시 총 다섯 개의 모듈로, 새로운 눈으로 보고Seeing 공감하고 느끼며Sensing 본질과 연결되어Presencing 의도를 재규정하고Crystallizing 현실화하는Prototyping 다섯 단계로 구성되어 있다. 이 이론을 수업에서 처음으로 소개할 때 튜터는 '선형 사고'를 비교 개념으로 들어 설명해주었다.

　　"우리는 흔히 문제가 생기면 "그래! 문제를 해결하자!"라며 곧바로 솔루션으로 직진하려고 합니다. 하지만 그건 근본적인 해결책이 되지 못합니다. 단순한 사고방식에 의한 일시적인 답이 도출되기 때문이죠. U-이론의 여정은 충분히 고민하고 충분히 망설이고 충분히 검토한 후에 진짜 솔루션을 만날 수 있도록 해주는 U자 형태의 사고 과정입니다."

　　U-이론은 그 여정을 통해 심지어 최초의 '문제'의 개념마저도 얼마든지 바뀔 수 있다고 이야기한다. 내가 문제라고 생각했던 것이 알고 보니 진짜 문제가 아니며, 다시 원점으로 돌아가 진짜 문제 상황을 밝혀야 할 수도 있다는 이야기다. 모든 진실이 U의 여정을 통해 정체를 드러내고 우리가 그것을 발견할 수 있을 것이라는 설명이었다.

　　몇 시간에 걸쳐 U-이론에 대한 소개를 들은 동료들은 '오, 정말 신박하군'이라는 눈빛으로 고개를 끄덕이며 이 새로운 이야기를 흡수하고 있었다. 그런데 유난히 담담한 표정을 하고 앉아 있는 두 명이 있었으니, 나와 캐서린이었다. 캐서린은 미국 로드아일랜드에서 조경 디자이너로 활동하고 있는 동료다. 이미 눈치가 통한 우리는 강의실 밖을 나서면서 작게 수근덕거렸다.

　　"저거, 디자인 프로세스잖아."

　　"그러니까."

　　실제로 U-이론 이외에도 슈마허에서 삶의 전환점에 대해 공부하는 동안 나와 캐서린은 이런 비슷한 대화를 꽤 자주 나누었다. 디자인 세계에서 이미 통용되고 있는 수많은 방법론과 개념들이 심심치 않게 등장했기 때문이다.

　　논리보다 감각을 먼저 깨워서 두뇌를 유연하게 하는, 손을 쓰는 창작 기반의 워크숍은 우연히 얻게 되는 다양한 발상과 직관의 가치를 놓치지 않는 크리에이터들의 사고 발상법과 많이 닮았다. 두 명이 한 쌍을 이루어 한 번에 한 명만 이야기를 할 수 있도록 함으로써 말하는 사람과 듣는 사람 모두 깊이 있는 성찰이 가능하도록 하는 '페어워크 Pair Walk'는 서비스 디자인이 사용하는 심층 인터뷰 Deep Interview의 기본 자세다. 그리고 무엇보다 '프로토타이핑*'을 중심으로 감각, 논리, 실험을 반복해서 실행하는 U-이론의 다섯 단계 여정은 정말 기본적인 디자인 여정과 똑 닮았다.

브랜딩, 브랜드, 디자인이라는 단어가 만들어내는 세계를 지나치게 감각과 인기 위주이고 깊이가 없으며, 소비 지향적인 경박한 분야로 인식하는 사람들이 있다는 것을 안다. 때로는 브랜딩이라는 단어를 좀 자제해서 사용해야 좋은 대화를 할 수 있다는 것도 안다. 그랬는데, 슈마허칼리지라는 엄청나게 진지하고 지성이 넘치는 곳에서 알려주는 새로운 세계로 통하는 이론과 방법론이, 세일즈와 프로모션라는 부모를 가지고 탄생해 한없이 해맑고 철없어 보이는 브랜딩 세계에서 통용되는 방법론과 닿아 있다니, 얼마나 즐거운 발견이었는지 모른다.

'닮았다'는 발견은 나에게 감동과 자신감을 동시에 선사했다. 슈마허칼리지의 진지한 이미지도, 브랜딩의 가벼운 이미지도 결국 편견의 일부였던 것이다. 더 나은 것을 향해 나아가고자 하는 우리의 노력은 근본적으로 서로 많이 닮아 있었다.

새로운 것을 배우기 위해 생소한 길을 찾아 영국과 부탄을 돌아다녔는데, 결국 진리가 되어 돌아온 곳은 다시 내 자리였고, 마음에 남는 것은 나와 닮은 전 세계 동료들에게서 받는 위로와 용기였다.

　　● 최종 산출물을 생산하기 이전에 수정을 위해
　　　시제품을 제작하는 단계(프로토타이핑)를
　　　말한다. 다양한 검증을 통해 물리적으로 구현된
　　　초기 모델(프로토타입)은 최초의 아이디어를
　　　점검할 수 있는 기준이 된다.

부탄, 가난하잖아. 정말 행복해?

행복해?

라이트 라이블리후드 코스의 세 번째 모듈은 부탄에서 이루어졌다. 애초에 이 코스 자체가 슈마허칼리지와 부탄 GNH 센터가 함께 고안해낸 과정이고, 커리큘럼의 상당 부분 또한 GNH(국민총행복지수)를 소개하는 것으로 할당되어 있었다. 그리고 세 명의 튜터 중 두 명이 GNH 센터에 속해 있었다.

　　GNH는 GDP(국내총생산지수)와 비교하면서 소개되는 개념으로, 삶의 질을 판단하는 기준을 경제적 성장을 포함한 더 큰 범위의 총체적 성장으로 설정하는 새로운 사회적 지표다. '행복지수'라는 개념은 전 세계적으로 많은 사람들이 오래전부터 연구해왔지만, 국가 운영 방식으로 사용하기 위해 연구가 진행된 것은 부탄이 처음이자 유일하다.

　　'행복'이라는 단어는 지극히 형이상학적인 천상의 단어로 느껴진다. 저 멀리 어딘가에 존재하는 아름다운 세계로 말이다. 이렇게 애매모호하게 반짝이는 단어를 하늘에서 끌어내려 국가 운영 방식에 활용하기 위해 부탄이 내딛은 행보는 행복을 아주 구체적으로 들여다보는 것이었다.

　　GNH는 4개의 기둥과 9개의 영역, 38가지 서브 인덱스, 72가지 인디케이터 그리고 151가지 세부 항목으로 정의된다. 그리고 행복이라는 단어가 국민들에게 직접적이고 현실적으로 와닿을 수 있도록 더 사소하고 섬세하게 정의되고 분석되는 과정을 거친다. GNH를 소개할 때 가장 일반적으로 소개하는 9개의 영역에는 건강·교육·문화 다양성과 복원력·시간 이용·굿 거버넌스·공동체 활력·생태 다양성과 복원력·삶의 수준·심리적 웰빙이 포함된다.

　　라이트 라이블리후드 코스를 수료하기 위해 우리는 모두 각각 하나의 프로토타이핑 프로젝트를 1년 동안 진행해야 했다. 나는 슈마허에서의 시간과 이야기가 쌓여갈수록 한국에 돌아가면 주변 사람들에게 이를 공유하고 싶다는 생각

* 부탄에서 진행된 라이트 라이블리후드 코스.
   대부분의 수업 기간 동안 부탄의 GNH(국민총행복
   지수)에 대해 공부한다.

을 하게 되었고, 자연스럽게 프로토타이핑 프로젝트도 그런 방향으로 발전시켰다.

　　2017년 여름, GNH 센터의 디렉터로 활동하고 있는 줄리아를 한국에 초대해 GNH 토크 행사를 진행했다. "너 요즘 외국에서 대체 뭐하고 다니냐"고 궁금해하던 친구들도 다 초대했다. 밋업Meetup(행사를 홍보하고 불특정 대중을 초대하는 커뮤니티 플랫폼)을 오픈해 신청자도 받았다. 줄리아는 GNH를 소개하고, 한국 맞춤형의 간단한 행복 조사Happiness Survey를 위한 미니 워크숍도 진행했다.

　　서울과 부산에서 청년과 청소년을 중심으로 진행한 이 행사를 끝내고 참가자들로부터 가장 많이 들었던 질문이 있다. "그래서 부탄 사람들은 다 행복해?"라는 것이다. 그리고 바로 뒤따라오는 한결같은 말이 있다. "근데 부탄은 엄청나게 가난하잖아. 정말 행복해?"

　　부탄은 가난한 나라다. 하지만 내가 만났던 부탄 사람들은 모두 너무나 심플하게 "당신은 행복해?"라는 질문에 "응, 나는 행복한데? 너는?"이라고 되물었다. 부탄은 가난한 나라인 동시에 행복으로 유명한 나라인 것도 맞다.

　　우리가 부탄에 대해 쉽게 넘겨짚어 생각하는 '가난'이라는 지표는 분명 GNH의 여러 항목 중 하나다. 하지만 가난이라는 요소는 가장 중요하게 평가해야 할 우선적 항목이 아니라, 다른 것들과 균형을 맞춰야 할 여러 항목 중 하나에 지나지 않는다. 행복을 구성하는 다양한 요소들의 '균형'을

• 전통과 정체성을 이어가며 즐길 줄 아는 생활방식
또한 GNH에 포함되는 중요한 요소다. 부탄이 말
하는 행복은 '가치로운 발전'이다.

지향해야 한다는 것이 GNH의 핵심이다.

　　부탄이 말하는 행복에는 또 하나 귀 기울여야 할 점이 있다. 그들이 정의하는 '행복한 상태'란 우리가 흔히 생각하는 '기분 좋은 상태'가 아니라는 것이다. 그들이 제시하는 행복은 '좋은 삶Good Life'이며, 그 '좋은 삶'을 규명하는 실체적인 연구의 결과가 GNH인 것이다.

　　좋은 삶 속에서도 기분은 때때로 나빠질 수 있고 우울해질 수 있다. 때문에 삶의 질을 좌우하는 것은 감정이나 기분이 아니라 삶을 구성하는 요소들의 균형이다. 기분 나쁜 일이 있더라도 다시 내 삶의 기본으로 돌아올 수 있는 회복탄력성이 있다면 그것이 좋은 삶이고 행복이다.

　　GNH 센터장을 역임하고 있는 부탄의 공주 케장 초덴 왕축Kezang Choden Wangchuck은 이런 이야기를 한다.

　　"좋은 삶이란, 행복의 의미를 제대로 이해하고 그것을 삶의 목적으로 진지하게 설정하는 것에서부터 시작한다."

　　직업적으로 좀 지나치게 의식이 되는 것인지 모르겠으나, 나는 부탄이라는 나라의 국가 브랜딩 능력에 늘 감탄한다. 부탄은 '가난하니까 행복할 수 없는 나라'가 아닌 '가난하면서 행복할 수 있는 나라'로 그 이미지를 만들었다. 모자랄 것 없는 지금의 세상은 양적인 것이 아닌 가치로운 것에 목이 마르다. 그러다 보니 갈수록 더 많은 사람들이 부탄으로 몰려와 행복의 비결을 염탐하고 있다.

　　자연스럽게 관광업은 현재 부탄의 제1의 산업이 되

었다. 행복에 대한 새로운 관점, 행복을 연구하고 활용하는 방식과 자세, 그리고 이 모든 과정을 진심으로 믿고 지지하는 국민들의 마음이 부탄이라는 작은 나라를 유명하게 만든 국가 비지니스의 핵심이 되었다. GNH를 만들어낸 국왕의 진심은 자국민뿐만 아니라 세계 시민의 마음에까지 닿아 그 가치를 인정받고 부탄 자체를 점점 유명하게 만들었다.

가난조차 끌어안고 '명확하고 구체적인 행복'을 향해 집중해나갔더니 오히려 그곳에서부터 조금씩 새로운 산업이 만들어지기 시작했다는 이 우연한 성공 스토리. 이 성과로 인해 부탄의 4대 국왕인 지미 싱게 왕축Jigme Singye Wangchuck은 지금도 여전히 국민들에게 존경받고 있다. 진짜는 언제나 자연스럽게 길을 내고 앞으로 나아간다.

* "좋은 삶이란, 행복의 의미를 제대로 이해하고
그것을 삶의 목적으로 진지하게 설정하는 것에서
시작한다."

환상적인 현실 만들기

인 현실 민

슈마허칼리지에서의 마지막 날이다. 모두가 돌아가면서 각자 1년간의 프로토타이핑 프로젝트에 대해 공유하고 그간 느꼈던 것, 생각한 것 등에 대해 뭐든지 이야기를 나누는 시간을 가졌다. 여느 때와 같이 둥글게 모여 앉아 우리가 그동안 경험한 변화를 중심으로 감사와 사랑의 마음을 나누었다. 튜터와 조교를 포함한 우리 모두가 다 함께 대화와 경험을 통해 평화를 열심히 찾아낸 시간이었다.

그리고 이날 나는 조금 용기를 내어 나의 비밀 아닌 비밀을 털어놓았다. 1년 동안 마음속에서 풀리지 않았던 고민을 나누기로 했다.

"아시아라는 곳, 특히 한국이라는 나라는 굉장히 복잡한 사회적 형태가 얽혀 있기 때문에 꽤 복잡한 마음으로 1년의 시간을 이곳에서 보냈던 것 같아요. 특히 한국과는 다른 방식으로 비춰지는 불교, 명상 같은 이야기를 할 때는 더 그랬어요. 내가 가진 백그라운드에서는 실천하기에 더 많은 노력이 필요하다는 생각을 했습니다. 슈마허칼리지에서 당신들과 함께했던 시간은 마치 꿈을 꾸는 느낌이었어요. 비현실적인 낙원에 있는 느낌이었죠. 이제 한국에 돌아가면 이런 모순된 여러 상황과 감정을 알아서 잘 풀어가야겠죠. 엄청나게 비현실적이었지만 동시에 무척 아늑하고 행복했던 느낌들을 현실로 잘 가져가볼게요."

사실 이 말을 처음 이야기하는 것은 아니었다. 그동안 간간이 대화의 이슈에 올렸기 때문에 동료들은 담담하게 나를 바라봐주었다. 그런데 그동안 별 반응이 없던 줄리가 나의 마지막 소감을 듣고 이렇게 코멘트를 했다.

"지인, 그런데 현실과 비현실에 대해서 이야기하자면 말이야, 사실 세상에서 가장 비현실적인 것이 바로 우리의 현실이야."

아, 왜 줄리는 이제서야 이 이야기를 하는 걸까. 야속할 정도로 확, 생각이 전환되는 순간이었다. 그것도 1년 동안 이어졌던 코스의 마지막 날 말이다.

우리는 우리가 경험한 것을 기반으로 상상한다. 모든 개념도 축적된 경험과 지식을 기반으로 만들어진다. 나는 지금까지 내가 살아온 삶을 기반으로 슈마허칼리지의 라이트 라이블리후드 코스를 평가하고 있었다. 한국에서의 삶을 현실이라고 정의한 나는, 한국에서의 삶과 그 형태와 방식이 다르다는 이유로 슈마허에서의 시간과 경험을 비현실이라고 규정하고 전자와 대치되는 상황을 만들었다.

사실 한국의 생활도 슈마허칼리지에서의 생활도 모두 내가 경험한 현실인데, 나는 이 두 가지 사실 중 하나를 멋대로 선택해 '비현실적'이라는 이름을 붙였다. 내가 조작해버린 현실이다. 한국으로 돌아가면 더 이상 가질 수 없는 먼 곳의 이야기라고 여기곤 스스로 새로운 현실을 창조할 기회조차 원천 봉쇄해버린 것이다. 상상력이 부족한 판단이다.

줄리가 이야기한 "우리의 현실이 가장 비현실적이다"라는 말을 생각한다. 흔히 소셜벤처나 NGO와 같은 곳에서 일하는 사람들을 우리는 종종 이상적인 일을 하는 사람들이라고 생각해버리곤 한다. 반면 현재 사회의 시스템과 가치관을 계속 유지시켜주는 직업에 대해서는 평범하고 현실적이라고 말한다.

하지만 만약 지금의 사회가 운영되고 있는 방식 가운데 폭력적이고 비합리적인 것이 발견된다면? 우리는 그것을 계속 현실이라고 부르며 끌고 나갈 것인가? 현실을 바꾸려는 사람들은 비현실적인 사람들일까?

나에게 브랜딩은 무언가를 지지하는 마음이다. 내가 믿는 것을 광고하는 행동이다. 좋다고 믿는 것이 진지한 신념

이든 유행하는 라이프스타일이든 상관하지 않고, 다양한 방식으로 접근 경로를 늘려나가는 열린 행동을 할 수 있는 사람들이 모여 있는 곳이 브랜딩의 세계다. 그것이 내가 지금까지 경험한 바다.

　　아직까지는 브랜딩이 지원하는 거의 대부분의 세계가 꽤 소비 지향적이고 반생태적인 사업을 해나가고 있는 게 사실이다. 하지만 앞으로의 시대에서 브랜딩은 지구적 선을 향한 활동을 점점 늘려갈 것이다. 속임수가 점점 더 투명하게 공개되고, 사람들은 본능적으로 눈앞에 펼쳐진 선한 것들을 향해 지갑을 열고 몸을 움직일 것이다.

　　브랜딩은 사람들의 상상력을 전환하는 데 가장 적합한 도구다. 우리가 너무 당연하게 세팅해놓은 현실과 비현실, 현실적인 것과 비현실적이라는 것에 대한 개념을 바꿔나가는 데에 유용하게 쓰일 것이다. 앞으로의 브랜딩은 우리가 당연하게 만들어가야 할 '비현실적 꿈'을 잘 풀어내서 멋진 비주얼과 카피로 많은 사람들에게 '꿈같은 현실'을 만들어 내놓을 것이라고 믿는다.

　　자, 그러니, 같이 한번 해봅시다.

마무리하며

브랜딩을 무기로 바라는 삶을 사는 힘

책을 다 쓰고 몇 번씩 반복해서 읽다 보니, 웃음이 났다. 이 글들
은 너무 적나라하게 '계속 일해왔던 나 자신'에게 충고와 위로,
감사와 존중을 전하려는 목적을 가지고 있다. 스스로에게 쐐기
를 박기 위한 말들을 기어코 활자로 만들고 인생에 새기려는 무
의식적인 계획이었다는 것을 출간 직전에야 알게 되었다.

　　삶이 더 이상 진전이 없다고 느껴질 때마다 동료들과 습
관처럼 한탄을 했다. 직업을 바꿔야 한다고 떠들며 요즘 잘나가
는 직종을 하나씩 읊어댔다. 진로 고민은 20대에 끝날 줄 알았는
데 이게 뭐냐고 시니컬하게 웃었다.

하지만 마음에 없는 말인 것을 알고 있었다. 차분하게 다음 단계로 향하는 노력이 귀찮아서 호기롭게 떠들어댔다. 좋으면서 싫은 척하는 못된 습성이고, 무엇보다 나 자신에게 가장 나쁜 짓을 저지른 것이다.

직업을 바꾸고 싶지 않다. 이 업계를 떠나고 싶지 않다. 무척 좋아하는 일이기도 하고, 직업을 바꿀 만큼 부지런하지도 않다. 직업을 바꾸는 노력보다는 이 직업 안에서 계속 살아가려는 노력을 하는 것이 좀 더 바람직한 방향인 것 같다.

대안을 찾기로 했다. 아침에 일어나니 세상이 변했다더라는 식의 변화를 떠드는 것이 아니라, 그냥 지금 살고 있는 모습에서 부분적으로 수선해나가는 일을 해보기로 했다. 일단 내가 서 있는 곳을 긍정하는 것에서 시작해보기로 했다.

그동안 해왔던 일들을 떠올리며 좋았던 점과 힘들었던 점을 들여다보니, 모든 것이 연결되어 있어 어느 것 하나 딱 부러지게 좋고 나쁨을 평가내리지 못하겠다는 결론이 섰다. 평가보다는 이 모든 경험의 리소스들을 내가 어떤 방향으로 활용하고 발전시키느냐가 관건이다. 흔한 이야기지만, 가장 소중한 것을 우리는 이미 가지고 있고, 가장 중요한 비결 또한 이미 알고 있다. 그건 우리가 삶을 걸어오면서 그려온 마음의 지도에 다 있다. 마음을 고쳐먹고 다시 펼쳐보기만 하면 쉽게 다시 가질 수 있다. 그런 점에서 이 책은 나의 보물 지도다.

챕터를 하나씩 써내려가면서 밤마다 꿈을 꿨다. 당시의 일들과 함께했던 사람들이 뒤섞여 말도 안 되는 에피소드를 만들어대는 의미 없는 이상한 꿈들이라, 아침에 일어나면 너무 피곤했다. 하지만 확실히 그때의 분위기로 나를 돌려놓는 효과가 있었다. 그렇게 감정과 느낌을 좀 더 진하게 담아 글을 쓸 수 있었다. 덕분에 원고를 보는 내내 피식거리기도 하고, 울기도 하고, 명해지기도 했다.

아무리 생각해도 우리나라는 좋은 게 너무 많은 나라다. 브랜딩 일을 하는 사람에게는 더욱 그렇다. 세상을 더 좋은 방향으로 나아가도록 하기 위해 쉴 새 없이 고민하고 노력하는 사람들이 이토록 많을 수가 없다. 변화를 동력으로 하는 브랜딩 프로젝트가 우리나라에 넘쳐나는 까닭이다. 선두에 나서야 한다는 강박, 눈에 띄어야 살아남는다는 스트레스만 조금 내려놓으면 건강한 사회의 동료들이 눈에 들어온다.

브랜딩 프로젝트에서는 모두가 동료다. 일단 일이 시작되면 모두가 머리와 가슴과 손을 모아 함께 아이디어를 나누고 목표를 만들고 전략을 세우며 나아간다. 그리고 이런 과정을 몇 번 반복하다 보면 우리가 줄곧 그려왔던 그림 속에 어느덧 도착하게 된다. 반복되는 과정을 통해 충전된 집합 지성은 구성원 개

개인에게 다시 그 지혜를 나누어주고, 그렇게 말뿐이 아닌 진짜 동료가 되어간다.

매일 아침의 "안녕하세요"와 매일 오후의 "내일 봐요"로 셀 수 없이 똑같은 인사를 나눌 수 있는 것처럼 고마운 관계는 없다. 브랜딩이라는 일 자체가 정말 매력적이라 나에게 많은 지혜와 힘을 주었지만, 사실 그 핵심은 어쨌든 지혜와 힘을 함께 만들어온 동료와의 시간이고 마음이라는 것을 알기에 안심이 된다.

매 챕터, 힘들고 고민 많았던 터널 같은 시간을 채워준 나의 동료들에게 애정을 듬뿍 담았습니다. 그리고 우리의 애정은 앞으로도 계속 징그럽게 이어지길 바랍니다.

* 사진 제공

마르쉐친구들, 액션서울, 워크스,
우유부단 前 팀장 고은영 님, 이니스프리 마케팅팀,
이니스프리 공간 디자인 팀장 이미영 님

손을 잡는 브랜딩

© 한지인, 2020

초판 1쇄	인쇄 2020년 7월 3일
	발행 2020년 7월 7일
지은이	한지인
펴낸이	이상훈
편집인	김수영
본부장	정진항
편집1팀	김단희 권순범
마케팅	천용호 조재성 박신영 조은별 노유리
경영지원	정혜진 이송이

펴낸곳	한겨레출판(주) www.hanibook.co.kr
등록	2006년 1월 4일 제313-2006-00003호
주소	서울시 마포구 창전로70(신수동) 화수목빌딩 5층
전화	02) 6383-1602~3
팩스	02) 6383-1610
대표메일	book@hanibook.co.kr
ISBN	979-11-6040-397-8 [03320]

＊책값은 뒤표지에 있습니다.

＊파본은 구입하신 서점에서 바꾸어 드립니다.